友愛ブックレット

韓国・北朝鮮とどう向き合うか

東アジア共同体研究所 編
鳩山友紀夫／辺 真一／
高野 孟／朴 斗鎮

花伝社

JN272209

韓国・北朝鮮とどう向き合うか◆目次

はじめに　高野孟　3
第1章　日韓、日朝関係の深層底流を読む！　9
辺真一＋高野孟（二〇一四年三月三一日放送）
第2章　金正恩体制の驚くべき内実と日朝交渉の行方　41
朴斗鎮＋鳩山友紀夫（二〇一三年一〇月二八日放送）
第3章　安倍「拉致外交」の前途に潜む陥穽　69
朴斗鎮＋鳩山友紀夫・高野孟（二〇一四年七月七日放送）

はじめに

高野　孟

本書は、東アジア共同体研究所が毎週月曜日の夜八時からニコニコ動画を通じて放映しているトーク番組「UIチャンネル」で、「コリア・レポート」の辺真一編集長に二〇一四年三月に、「コリア国際研究所」の朴斗鎮所長に一三年一〇月と一四年七月の二回にわたり、それぞれゲストにお出で頂いて、同研究所の理事長である鳩山友紀夫と理事である高野孟が聞き役となって、朝鮮半島情勢の現状や日朝・日韓関係の行方について自由闊達に議論した記録である。各回の放送は、その時点での最新のニュースに基づいて分析や予測を繰り広げているので、こうしてまとめてみると、いささか新鮮さを欠く部分がないとは言えないが、そういうことよりも、謎のヴェールに包まれた北朝鮮の権力体制の内実や、日朝・日韓関係の機微に触れる部分とその精妙なニュアンスなどについて、誰よりも深い情報を持っておられる辺・朴両氏が、金正恩体制、北朝鮮との間の核・ミサイル開発と六カ国協議、拉致問題、朝鮮総連本部の売却問題、あるいは韓国との間の竹島問題、従軍慰安婦はじめ歴史認識問題等々、今も焦点となっている様々の課題について、歴史的＝構造的な視点から鋭く解析していて、それがこうした問題を今後われわれが考えていく上での有力な視座を提供してくれているというところに着目して頂きたいと思う。

何によらず、およそマスコミというものは、軽々しいというか移ろいやすいというか、その日限りのニュース（新しいこと）を追うことに夢中で、立ち止まって深呼吸し、そもそもこの問題の歴史的＝構造的な本質は何であったかを常に読者や視聴者に思い出させるような努力を怠りがちである。またとくに北朝鮮・韓国、そして中国との関わりとなると、それどころではなくて、週刊誌を先頭にしてヘイト・スピーチまがいの激情的な罵倒記事が毎日のごとく出回って、政府・与党も陰に陽にそれを煽り、人々の冷静な判断力を停止させようとするかのような一種のマインド・コントロール作戦が罷り通っている。「なるほど、戦前の軍国日本もこんなふうにして近隣への憎悪を煽り立てて、国民を汚辱と苦難の道に引きずり込んで行ったのか」と、その時代を直接知らない戦中生まれの私でも鳥肌が立つような実感を得て戦慄せざるをえないような有様だ。こういう時こそ、われわれ一人一人が確かな歴史的＝構造的な視点を自らの内に蓄えて、けっして時流のままにならない強靭な精神を培うことが求められる。そういう意味で、本書を通じて、両氏の朝鮮半島問題についての見識に深々と学んで頂きたいと思う。

それにしても、このところの産経・読売両紙と右翼系雑誌を挙げての朝日新聞叩きはすさまじい。私は、同紙が、従軍慰安婦問題で吉田清治なる人物の虚偽証言を検証もせずに繰り返し報道したのも、福島第一原発事故に関して、もう一人の吉田さんである吉田昌郎所長の証言を歪めて伝えたのも、ひどいことだと思うし、当事者に取材しないで名誉毀損に当たることを平気で書き飛ばす朝日のルール無視というか、傲慢さ故の横暴には、私自身、直接に被害に遭った経験もあるので、「ざまあみろ」

と思っているところもあるのだが、それでもさすがにこの状況には強い違和感を覚える。

第一に、朝日に対する批判は主に、済州島で自ら慰安婦を強制連行したという吉田清治証言の虚偽性を見抜けなかったこと、戦時下で女性を軍需工場などに動員した「女子勤労挺身隊」と慰安婦とを混同したことの二点に向けられている。が、これは朝日だけの問題ではなく、批判の急先鋒である読売自身も一四年八月六日付社説で「読売新聞にも当初、女子挺身隊や吉田氏に関して、誤った記事を掲載した例があった。だが、九〇年代後半以降は、社説などを通じて、誤りを正している」と書いている。とすると、朝日は八二年九月に最初に吉田証言を記事にして以後、少なくとも一六回、同証言を取り上げたというが、読売は何回、どういう風に伝えたのか。九二年に歴史家の秦郁彦が同証言への疑問を提起した後、朝日は九七年三月の検証記事で初めて「真偽は確認できない」と留保をつけたが、読売の訂正は「九〇年代後半以降」というから朝日の留保と同時期と思われるが、いつの社説でどう「誤りを正し」たのか。結局、朝日は社説などの形ではっきり撤回しなかったのが悪いというだけの話になる。そういうことではなくて、朝日も読売も含めたマスコミ総体としてこの問題の扱いがどうだったのかを胸に手を当てて振り返ってみる、もっと静かな自己点検作業が必要なのではないか。

第二に、吉田証言が虚偽であったからといって、軍が直接間接に関与した「強制連行」（安倍晋三首相の言ういわゆる「狭義の強制連行」）がなかったという証明にはならない。例えば、松浦敬紀編『終わりなき海軍』（文化放送開発センター、一九七八年）には中曽根康弘元首相が「二三歳で三〇〇〇人の総指揮官」という文章を寄稿しており、その中では、海軍主計士官としてインドネシアの設営部隊を率いていた中曽根が「三〇〇〇人からの大部隊だ。やがて、原住民の女を襲うものやバクチにふけるものも出てきた。そんなかれらのために、私は苦心して、慰安所をつくってやったこともある」と自慢げに書かれてある。防衛研究所の戦史研究センターが保管する資料にも「主計長の取計で土人女《マ マ》を集め慰安所を開設、気持の緩和に非常に効果あり」という記述がある。強制連行なのか自発性を重んじた募集だったのかは中曽根が口を開かなければ分からないが、少なくとも軍が直接関与して「土人女」（酷い言い方だ！）を集めて兵士に性奴隷を提供したことだけは間違いない。

第三に、私の記憶では、慰安婦問題が日本国内のみならず広く国際社会で火が着いたのは、一九八二年の吉田証言よりもむしろ、九一年八月の韓国人元慰安婦・金学順《キム・ハクスン》の告白がきっかけだった。彼女の発言の真偽もまた問題になるところではあるけれども、これをきっかけに、オランダはじめ中国、台湾、フィリピン、マレーシア、インドネシア、東ティモールまで被害者が続々と名乗りを上げるという事態が出現し、それが九三年の河野談話、さらには九六年の国連人権委員会によるいわゆる「クマラスワミ報告書」につながっていく。そのクマラスワミ報告書に吉田証言が引用されていることをもって、「朝日の報道が日本が性奴隷国家だという印象を世界に広めた」という誤解が広がり、安倍晋三首相もテレビ番組で「朝日は世界に向かってしっかり取り消せ」と言ったが、これはだいぶ事実とは違っている。同報告を読めば分かるように、クマラスワミ報告書が吉田証言を引用しているのは事実だが、その三倍の行数で「吉田証言は疑わしい」という秦郁彦の反論を載せていて、別に一方的に吉田証言に頼ったものではないことは明白だ。

むしろ、この問題が国際的にこじれたのには、二つの要因がある。第一次安部内閣の二〇〇七年に三月の国会で安倍が、米議会のこの問題での対日非難決議について、軍当局が直接関与したいわゆる

「狭義の強制連行」はなかったので「謝罪する必要はない」と発言したこと、さらに追い討ちをかけるようにその年六月に桜井よしこらが事実を否定する挑発的な意見広告をワシントン・ポストに掲載したことだ。その反発で米国や韓国の各地に慰安婦の碑を建てる運動が広まってしまった。何としても狭義の強制連行だけは否定して、この国のプライドを守るという偏狭な思い込みが、かえってこの国の信用を傷つけている。この問題を考える上でも、また竹島問題についても、そもそもの一九六五年日韓基本条約をめぐる両国のやりとりの微妙なニュアンスということを知らなければ、浮ついた議論になる。そのことを、第一章での辺氏の言葉からくみとることができるだろう。

さて、安倍政権は拉致問題を政権浮揚の材料にすることに血道をあげている。じりじりと下がる内閣支持率を一気挽回する決め手として安倍が仕組んだ「拉致再調査」シナリオは当初、八月にも最初の報告書を出させて、特定もしくは認定拉致被害者の一人でも二人でも生存が明らかになれば、それはもうマスコミ挙げての一大報道合戦になり、その勢いに乗って安倍自らが平壌《ピョンヤン》訪問という派手な演出まで目論んでいたのだが、どうもそううまく運びそうにない。その理由は、第三章の朴氏の発言で的確に指摘されている。

第一に、今回の日朝合意で「全ての日本人に関する調査を包括的かつ全面的に実施する」とあるのを、日本側は勝手に最大関心事である拉致被害者の調査が優先されると思い込んでしまったことである。北側の報道などでは戦没者の遺骨、日本人妻、残留日本人、それから拉致という順番になっていて、北にとって痛くも痒くもないところから〝小出し〟にして、日本をズルズルと引っ張って行く余地があるということだ。

第二には、北の思惑通り先延ばしされるであろう理由として、北は調査すると言葉で約束しただけなのに、日本は早速、経済制裁の一部解除という実際行動で答えたことが挙げられる。その直後の七月三日に北の宋日昊《ソン・イルホ》担当大使が北京で「日本の制裁解除の内容を見極めた上で調査結果を発表する」と言ったように、最初から足元を見られている。案の定、最初の報告書の提出は、八月下旬から九月中旬の予定が、月末、さらにその先へと引き延ばされつつある。

第三に、日本がそのように前のめりになるのは、最高権力機関である国防委員会の直下にある国家安全保衛部の徐大河《ソ・テハ》副部長が今回の調査委員長に就いたということで、外務省筋はさかんに「初めて大物が出て来た」とか「透明性がある」とか期待を煽ってきたが、本当の権力中枢は、旧ソ連で言えばKGBに当たる国家安全保衛部よりも、労働党の組織指導部だと朴氏が指摘しているのは、重要なポイントかもしれない。この国の底知れない権力構造の闇をよほど見極めないと、安倍政権は手玉にとられて翻弄される危険がある。

私を含めて、ジャーナリストの言説は、いつも切った張ったである。その鋭さは確かに一つの評価基準だが、その発言がどれだけ分厚い歴史的な認識と構造的な問題把握に裏付けられているかということが、実は本当の評価基準である。辺・朴両氏の言葉の端々からそのあたりを嗅ぎ取って頂きたいと思う。

二〇一四年九月二二日記

第1章　日韓、日朝関係の深層底流を読む！

辺真一＋高野孟（二〇一四年三月三一日放送）

日米韓首脳会談の成果

高野　直近のニュースとしては、[1]オバマさんの仲介により、朴槿恵《パク・クネ》韓国大統領と日本の安倍首相が、とにかく、口もきけないというような状態から会談が実現して、写真だけで見るとにこやかに握手をしたと。まあ子どもの喧嘩に親が出てくるみたいな感じで、隣どうしで口もきけない、情けない状態だったわけですけれども、とにかく何事かの一歩にはなったと思います。これを辺さんはどういうふうに評価していますか。

辺　安倍総理のほうはむしろ日韓首脳会談に積極的だった。しかし朴槿恵大統領は非常に消極的でした。三人がそろった時に、安倍総理がわざわざハングル語で挨拶をしたにもかかわらず、そっけない対応をしたのを見ますと、朴大統領は首脳会談をするかどうか、最後まで悩んだと思うんですね。

高野　控室は別にして、会談中も一度も笑わなかった。

辺　はい、そうなんです。朴大統領は安倍総理の顔も見たくない、会いたくない。そういう心境だったと思うんです。しかし、アメリカのオバマ大統領のほうから呼びかけがあり、無碍《むげ》には断れなかった。

　理由は二つありまして、一つは、今回の会談場所がオランダのハーグで、それも核安全保障サミットということ。つまり、北朝鮮の核の問題が韓国の安全保障にとって非常に重要だということです。したがってオバマ大統領の要請を断るわけにはいかなかったというのが一点挙げられます。

1　二〇一四年三月一五日、核セキュリティサミット開催地のハーグ、在オランダ米国大使公邸にて日米韓首脳会談が開かれた。

二つ目は、この二〇一四年四月にオバマ大統領が来日するんですけれども、当初は韓国・ソウルに立ち寄る予定がなかった。朴大統領が、ここはひとつ韓国の顔を立ててやっていただけないだろうかと言った。それでオバマ大統領が、そこまでいうんだったら、行きましょうと。その点で、朴大統領はオバマ大統領に借りがある。

そういう二つの事情から、今回はオバマ大統領の顔を立てる意味で、朴大統領は首脳会談に臨んだんですけれども、正直なところ、これまでは一度もまともに会って握手をしたためしがないわけです。そう考えますと、トップ同士が会って、会談をして握手したという点においては、まあ一歩ではなくて「半歩」前進というところではないですかね。

高野　一ミリぐらいか、まあ前進は前進ですね。

辺　はい。ですから、韓国の反応というのは二つありまして、安倍総理がハングルを使って挨拶をしたのは、下心が見え見えで、ああいうリップサービスに騙されてはいけないという反応が一つ。要はその言葉ではなくて、具体的なアクション、行動でもって今後、安倍政権が韓国にどう対応するのかを見守るべきだという反応です。

それから二つ目は、この日韓首脳会談の結果を受けても、将来の日韓関係は不透明だという意見です。なぜなら、この春から夏にかけて、日本では四月に小学校の社会科の教科書の検定問題の発表があり、さらには外交白書も出てくる。続いて防衛白書も出てくる。また八月には夏の例祭の靖国参拝、もちろん四月には、四月の例祭もある。

当然、教科書の問題では、また領土問題が明記される。外交白書も防衛白書も同様です。なぜなら、四月の例祭には安倍総理が行くことはないにしても、安倍政権の閣僚が行けば、また反発するということで、日本が求めるような日韓単独の首脳会談というのは、まだ数カ月か半年間は難しいんじゃないかなと私は見ています。

高野　何より、会談の中身で言えば「北の核が脅威であるということを再確認し、これに結束して当っていこう」というのは当たり前で、いまさら確認するまでもないようなことに終始したわけですよね。いちばん懸案になっている従軍慰安婦の問題については、一言も出なかった。アメリカが仲介して従軍慰安婦の問題をほぐすきっかけが何かできたというんだったら、本当に半歩前進、一歩前進といえるんでしょうけれど、それは出せないですよね。だって、靖国参拝、慰安婦という話を出すと、米韓対安倍さんと、二対一みたいになってしまう。アメリカも不快感を抱いているわけですから。

辺　そうなんですね。

高野　だから、日本としてもそのテーマには触れられないという立場だったですよね。

辺　逆に言うと、朴大統領も今回、無碍に断れなかったのは、日米韓首脳会談が開かれるまでは、歴史認識の問題でアメリカと韓国対日本という構図だったんですね。仮に日米韓首脳会談を韓国側が蹴飛ばした場合には、日米対韓国という図式に逆転せざるを得ないという危惧がやはりあったと思うんです。

韓国にとって「ハーグ」の持つ意味

辺　それでも、やはり韓国は当初、非常に慎重だった。朴大統領が悩んだのが、たとえばハーグという場所ですね。これは日本人には、日本とオランダが修好した所かもしれませんけれども、韓国からすると、ハーグというのは別な意味で縁《ゆかり》のある地なんです。日本に併合される一九一〇年の二年前、一九〇八年にハーグで万国平和会議がありました。そこに韓国から三人の密使を送って、韓国の独立を、すなわち韓国の独自外交権を主張しようとしたところ、日本の妨害にあって結局その会議に出席できず、国際世論の味方、支持を取りつけられなかった。その二年後に、植民地下に置かれ、さらに、その直後に安重根の伊藤博文暗殺につながったんですね。

高野　ああ、それは日本人は知らないわ。

辺　それだけに慎重だった。たとえば、安倍総理との会談で韓国国民の印象を悪くしたら、支持率の低下につながるということで、朴大統領は終始、最初のところは頑なな表情でにこりともしないという態度だったんじゃないかと見ています。

高野　そこまでつながっている。ハーグという舞台は今回、偶然ですけれども、一〇〇年前のいきさつが、後ろに影のように映っていたと。

辺　そうなんです。一〇〇年というのは、二〇一〇年でしたか、日韓併合一〇〇年に際して、日本と韓国で共同世論調査が行われたんです。同じ質問を両国民にぶつけたんですよ。まず、日本の国民に、韓国人で真っ先に思い浮かぶ人の名前を一人挙げてくださいと。そうすると、圧倒的多数がペ・ヨンジュンと答えたんですね。韓国人はさすがに驚きましたですけれどもね。同じ質問に対して韓国人は、これはおそらく日本人が驚いたと思うんですけれども、伊藤博文と答えたんですね。

日本は一〇〇年たったらペ・ヨンジュン、韓国は一〇〇年たっても伊藤博文というね。歴史を忘れる日本人、歴史にこだわる韓国人、というような歴史認識のちがいがありますからね。ハーグひとつとってみても、日本と韓国それぞれの思い入れというのは違うんですね。

韓国が求めた五つのハードル

高野　その歴史認識の深さの違い、奥行きの違いというのが問題ですね。日本人から見れば「なんでいつまでもこだわっているんだ」と言うけれども、それはぶん殴っておいて、いつまでも恨んでるのはおかしいよ、というようなものですからね。なかなか通用しない。

そこから緊張をほぐしていくには、もう尋常なことでは済まないということになりますよね。

辺　そういうことですね。韓国はおそらく日本に対して、今後の日韓首脳会談、あるいは日韓関係修復にむかって、少なくとも五つのハードルを取り除いてもらいたいと考えている。一つは、一九九五年の村山談話を踏襲《とうしゅう》してもらいたい。二つ目は、その二年前の一九九三年の河野談話も継承してもらいたい。さらに三つ目は、もう二度と首相や官僚が靖国に行ってもらっては困る。四つ目は、二月二二日の竹島の日、今これは県が主催していますけれども、安倍政権は野党時代の選挙公約として、政権を取れば政府の行事として格上げすると言明したんです。したがって韓国からすると、政府行事への格上げを控えてもらいたい。最後はですね、竹島問題の国際司法裁判所への提訴をやめてもらいたい。この五つなんです。

客観的、冷静に判断しますと、一応安倍さんは、村山談話を踏襲するとしています。河野談話も撤回しないと。竹島の日も、今年も去年と同じように政府行事に格上げしなかったと。靖国参拝も去年一二月に行ったばかりだから、おそらく今年はたぶんやらないだろうと。最後は、国際司法裁判所への竹島問題の提訴、これはもう日本が韓国と絶交するという覚悟がないかぎりはできない。

　ということで、どうやら五つのハードルはクリアしそうな雰囲気なんですが、先ほど申しましたように、四月の教科書検定や外交白書、あるいは春の例祭だとか、安倍政権の具体的な動きを見守って、今後の対応を考えるというのが、朴槿恵政権の姿勢ではないでしょうか。

高野　その矢先に、首相の側近が、河野談話を撤回するみたいなことをいって、安倍さんの意を受けたことではないということになっています。本音をいえば安倍さんも、河野談話なんか一回撤回して、あたらしい時代に合った談話を出し直すと考えているでしょうから、いわゆる歴史見直し、英語でいうリヴィジョニスト的な言動がいちいち日韓関係に悪影響を及ぼすということは、じゅうぶん考えられますよね。

なぜ今慰安婦問題なのか

辺　日本からしますと日韓の関係悪化の原因になっているのは、二〇一二年八月の李明博《イ・ミョンバク》大統領の竹島上陸です。歴代大統領の誰ひとり立ち寄ったことのない、上陸したことのない禁断の地に足を踏み入れたということで、日本国民の反韓感情が高まった。

　韓国からしますと、その一年前の二〇一一年一二月の李明博大統領と野田政権の首脳会談、これがすべての原因という捉え方があるんです。李明博大統領がなぜプッツンして二〇一二年八月に竹島に上陸したかというと、その前の年の二〇一一年一二月に、京都で野田総理と首脳会談をしたんですね。

北朝鮮が金正日《キム・ジョンイル》の死を正式に発表する二日間、李大統領も野田総理もまったく知らなかった。

私はそのことをよく覚えていますが、あのとき李明博大統領が野田総理に、ひとつ慰安婦の問題を善処してくれないだろうかと言った。たしかにこれは日韓条約で決着がついて、解決済みだということについては、異論も反論もない。あの当時、日韓国交交渉の時に、韓国政府は従軍慰安婦の問題を取り上げなかったけれども、その後一九九〇年代に入ってはじめて被害者が名乗り出たので、もう一回この問題について日本と交渉すべきだと、韓国で憲法裁判所の決が出ているんです。韓国も三権分立ですから、そういうような違憲ということになれば、当然政府は日本と再度この問題について話をしなければならない。

ところが日本は、いやそれはすべて日韓条約で解決済みだといって、蹴ってしまった。それに李明博大統領は頭にきた。

高野　その問題にどう対処するか、李明博大統領も困ったんですね。自分としても予想外な進展で、これをうまく収めなければいけない。野田さんに限りませんが、総理なんていうのは官僚の言いなりです。尖閣問題でもそうですけれども、外務官僚にいわせれば、それは頑なに「解決済みだ」と言うしかない。そんなことは向こうも知っているわけです。だけど、その上でどうしようか、という相談を李明博はしているのに、当時の野田総理はそういう反応になったということですよね。

辺　そうですね。日韓条約を見直してくれという話ではなくて、求めたのはあくまで善処なんです。それが結局こじれて、李明博大統領の竹島上陸につながって、今日の日韓関係の置かれている状況があるわけです。

私も日韓条約のときに慰安婦の問題がいったいぜんたいどう扱われたのかとちょっと調べてみました。高野さんは、この名前を聞けばピンと思い出すと思うんですけれども、自民党副総裁もやられた椎名悦三郎、日韓条約のときには外相です。韓国側は李東元《イ・ドンウォン》という外相ですね。この二人が交渉責任者なんです。もう二人とも故人で、この世におりませんので、本人たちから聞くわけにはいきませんが、韓国の当時の外相の李東元氏は、今から一九年前、国交正常化三〇周年の時に、当時のことをこうやってふり返っています。原文そのまま読ませていただきますが、「記憶ははっきりしないけれども、当時の日韓条約協定条項には、従軍慰安婦の問題と被爆者、徴用者に対する賠償はどこにも含まれなかった。誰の口からも持ち出されなかった。理由は、従軍慰安婦の問題は、被害者である韓国にとっても、加害者である日本にとっても、恥ずべき歴史の痛みであるからだ。この問題を持ち出せば、国民感情を損なうだけで、外交的に得るものがないからだ。それで、この問題は将来の両国の関係に委ねることにした」と、蓋をすることにしたんですね。

高野　なるほど、棚上げだ。

辺　ええ、棚上げなんです。それから五〇年経って、まさに今、委ねられた我々がこの問題で頭を痛めているというのが一点なんですね。

従軍慰安婦の問題は、日韓条約の当時には扱われなかった。けれども、日本が日韓条約で決着済み、解決済みというのは、道義的には必ずしも正しいとはいえない。

ひも付きであった賠償金五億ドル

高野　賠償問題一般については、日韓条約で決着するということは明文化されているわけですね。ただ、従軍慰安婦問題の個々の補償要求まで含めて、ぜんぶ決着しているかといえば、それはたぶん違うだろうと。

辺　賠償問題がありますね。当時日本も苦しい状況で、無償三億ドル、有償二億ドル、計五億ドルをきっちりと経済協力というかたちで韓国側に払ったじゃないかと。これが日本側の主張なんです。けじめはついたというか、みそぎは済んだと。

これは私の専門分野ですから、それをまた調べてみたんですよ。そうしますと、まちがいなく五億ドルが韓国に渡っているんです。そのお金をどうして、当時の朴正熙《パク・チョンヒ》大統領、いまの朴槿恵大統領のお父さんは、被害者たちに使わなかったのか。少なくとも五億ドルのうちの一パーセントでも使えば、今日のようなこういう事態を招かなかった。ですから、第一義的責任は朴正熙にある。私個人は朴槿恵大統領に対して、そのことを韓国は自省すべきだと言いたい。

その上で、日本に対しても道義的な責任があるということを、説明しようと思うんです。

これはまだ一般的に公開されていない話なんですが、実はこの五億円というのは、掴み金ではなかったんです。ひもつきのお金なんですね。それは日本政府の許可なく、韓国政府はビタ一文、好き勝手に使えないようになっているんです。

たとえば当時、朴大統領がこのうちの〇・一パーセントを慰安婦や朝鮮人強制連行の補償に使いたいといえば、日本はその瞬間ノーということになるんです。というのは、日本はそれを認めていませんから。あくまでこのお金というのは、日本からものを買う、日本から技術を購入する、あるいは日本からの人材を必要とする、そのための五億ドルなんですよ。

高野　タイドローンというやつですね。

辺　そういうことなんです。そのことを、誰がはからずも口にしていたかというと、この方もいまはご存命していませんけれども、当時の外務省条約局長の中川融さんという方なんですね。この人が当時、こういうことを言っていました。

「大声ではいえないけれど、私は日本の金でなく、日本の品物、日本の機械、日本人のサービス、役務で支払うということであれば、これは将来、日本の経済発展にむしろプラスになると考えていた。それによって相手国に工場ができるとか、日本の機械がいくことになれば、修繕のため日本から部品が輸出される。工場を拡大するときには、同じ種類の機械がさらに日本から輸出される。したがって、経済協力というかたちは、決して日本の損にはならない」。

ということは、この五億ドルというお金は、賠償金ではなく、あくまでも商業ベース的なレベルで日本は拠出したということなんですね。そういう意味では、韓国人の被害者たちが不満を持つ理由もわからないわけではない。

高野　日本の戦後のアジアとのかかわりは、賠償から始まりましたよね。いちばん大きいのはインドネシア賠償で、賠償を払い終わった後は経済協力、その延長でＯＤＡになっていくわけです。韓国に対する五億ドルもＯＤＡ扱いみたいなことで始まっていく。それは、賠償時代からＯＤＡを通じて、基本的に全部そうなんです。はっきりいったら、日本からお金を動かさなくていい。日本に口座がそのままあって、どこかの商社が相手国ににダムをつくります、病院をつくります、そのための資材は日本国内で調達しますから、と言って日本国内で決済されて、物は向こうへいくわけです。そういうものなんですよね。

ある意味で戦後、それで日本は肥え太っていくというプロセスがある。韓国に限らず、あらゆるODAというのはそういうことなんです。最近はさすがに、ひも付きはあまりにひどいじゃないかということになってきましたが、当時は全部そうでした。

辺 高野さんと僕が一九七五年頃お会いしたきっかけも、日韓癒着でした。すなわち当時ソウル地下鉄とか浦項《ポハン》製鉄所（現ポスコ）で行われた、日本からの対韓輸出をめぐる経済界の癒着をめぐる問題です。このソウル地下鉄とか浦項製鉄所への資金も、賠償金の五億ドルから流れていっているんですね。そこからまた癒着が生まれたんですよ。

だから、この賠償金五億ドルというのは全額そっくり韓国に流れ込んだのではなくて、日本にもキックバックされた。いわくつきの金だったんですね。

高野 インドネシアでもそうです。フィリピンでマルコス大統領夫人がなぜ三〇〇〇足も靴を持っていたか。インドネシアの大統領夫人もフィリピンの大統領夫人もみんな、一〇パーセント夫人なんて言われてね。日本のODAを受け入れると、ちゃんとキックバックが入ってくる。だから靴なんか買い放題だった。

本当に侵略や植民地支配のまっとうな反省に立って、きちんと処理しましょうというようなものではなくて、そこに金儲けできるようなしかけをつくったのが戦後日本のやり方だった。そういうことが今日にいたるまで、長い目で見て、日本がアジアで不信を買うもとになっていますよね。

辺　民間借款の三億ドル、合わせて八億ドルです。いろいろ不正があったり、癒着があったりしましたけれども、ソウル地下鉄、浦項製鉄所などが次から次に完成して、それがベースになって、一九七五年から七八年にかけて、「漢江の奇跡」といわれるぐらいの経済発展が起こった。その基礎をつくったというのは、実際にはやはり日本の貢献が大きいと思うんですね。

　そう思うんですけれども、やはり取り残された問題で象徴的なのが慰安婦の問題です。いま約五〇人近くまだご存命で、この人たちに対して日韓双方がもう少し配慮しようではないかと、特に韓国のほうでそれを要求しています。

　朴槿恵大統領は李明博大統領とは違って、当たり前の話なんだけれども女性であるがゆえに、この慰安婦の問題は引くに引けないというところもある。ですから、少し顔を立ててくれて、慰安婦問題で決着さえつけてもらえれば、それは朴槿恵大統領とすれば、安倍政権とも二人三脚でもってこれからやっていこうということになる。

　特に、来年二〇一五年六月二五日で、ちょうど日韓国交正常化五〇年になるんですね。半世紀ですよね。それで、このまま問題で五〇周年を迎えるわけにはいかないと、韓国の方も今までの日韓関係は好ましいとは思っていないんですね。

アメリカの論調

高野　何の利益もないですからね。だけど、これは安倍政権がリヴィジョニストの行動をとるというることによって、問題が日韓だけにとどまらないで、アメリカも日本の行動について不快感を持っている。最近、民主党の某女性議員から聞いたんですけど、アメリカのケネディ大使も女性だからこの問題に非常に敏感らしいですね。大使の反応は本国の姿勢にも反映しますよね。靖国と合わせて、いったい安倍は日本をどこへ連れていこうとしているんだという警戒感ですね。それは親米保守という大枠から外れて、対米自主愛国路線という方向に傾いていくんじゃないかとも言われている。

最近、アメリカの論調を見ていましても、アメリカは集団的自衛権を無条件で喜んではいないですよね。もちろん韓国もこれは警戒している。極端に言えば、朝鮮半島に自衛隊が来るのか、という話になってしまう。だけどアメリカも日本の動きには警戒している。安倍というのはアメリカに協力するようなふりをして、海外での武力行使の道を開き、どうもその裏には、アメリカは頼りにならないから自分でやるんだ、みたいな自主防衛愛国路線というのが、鎧の下でちらちらしていないかと。そういう疑心暗鬼で見ている。

アメリカでも、在米韓国人の存在というのはものすごく大きくなっていて、各地に従軍慰安婦の像が建ったりしている。票が欲しいためにアメリカの議員は、それを皆褒めあげる。アメリカの格差が政治にまで絡むような広がりといいますか、日本から見ればよりいっそう解決が面倒になってしまうようなところに入り込んでいます。

隣人の嫌がることをやるべきではない

辺　僕は個人的には、李明博大統領の竹島上陸も反対ですね。朴槿恵大統領がアメリカや中国やヨーロッパに行って、対日批判をやることについても、私は自制すべきだと思っていますし、ソウルの日本大使館の前に慰安婦の銅像を設置することも、あるいはアメリカの各地にそういうものを建てることについても、私は異議申し立てをやっています。さらには最近では、ハルビンの駅前に安重根の銅像を建てるということも、よしとしないですね。

韓国人でありながら、なぜそれに対して反対するかというと、それは実に簡単な理由なんです。隣人の嫌がることをやるべきではないと、これで反対なんですね。同じように、安倍総理の靖国参拝も反対なんですよ。つまり、隣人が嫌がることをやるべきではない。

少なくともトップ同士の、日韓双方の国民を代表するトップにある人間は、その点をわきまえて自重しなければ、お互いにポピュリズムに走って、それでエキサイティングすれば、いつまでたっても日韓関係は改善されない。

高野　子どもの喧嘩と言いましたけれども、そういう状態になってしまっているんですよね。たとえば靖国に関していうと、私が立派だと思ったのは、中曽根元総理というのは一九八五年に総理として初の公式参拝だといって、えらい気合いを込めて行って、当時の胡耀邦主席から連綿たるお手紙が来た。それに対するお返事、中曽根総理の胡主席への書簡というのは、ウェブで検索してもいろんなところで出てきます。

これは立派な手紙なんです。私は自分の弟が靖国に入っていて、参拝するのは当然と思っているけれども、しかし一国の指導者たるもの、近隣他国の人々が嫌がることをするというようなことをしてはいけない。そういうことに対する深い配慮が必要だ、よって今後は行かないと、こういう毅然としたお手紙ですよね。[2]

それは、相手の嫌がることをしないというマナーだけではなくて、特に中国との関係でいうと、それこそ日中国交樹立のときに、周恩来と田中角栄がやり合ったものに通じる。

僕は国交回復前の中国に行ったことがあるので、よく肌で知っているんですが、もうとにかく、あの頃七億とかいわれた人口の、ほとんどみんなが日本軍の侵略によって嫌な思いをした。妻が殺されたとか、腕を切られたとか、もう全員が生々しい体験を持っていて、なんで日本なんかと仲良くするのかと思っている人はたくさんいた。

それを周恩来はどうしたかというと「諸君待て。日本人全部を憎むというようなことではいけないんだ」と説いた。あの戦争はたしかに日本が加害者で、中国が被害者であるけれども、よく見てみれば日本のなかにも、戦争を推進し指導した一部軍国主義者と、国民との間には矛盾がある。一般兵士も含めて、日本国民は一面において被害者でもある。だから、中国人民と日本国民とは手を携えて、二度と戦争のないアジアをつくろう、理性の高みに立って、諸君、物事を考えよう、という政治教育

2 「不幸な歴史の傷痕いまなおとりわけアジア近隣諸国民の心中深く残されており、侵略戦争の責任を持つ特定の指導者が祀られている靖国神社に公式参拝することにより、貴国をはじめとするアジア近隣諸国の国民感情を結果的に傷つけることは避けなければならないと考え、今年は靖国神社の公式参拝を行わないという高度の政治決断を致しました。如何に厳しい困難な決断に直面しようとも、自国の国民感情とともに世界諸国民の国民感情に対しても深い考慮を行うことが、平和友好・平等互恵・相互信頼・長期安定の国家関係を築き上げていくための政治家の賢明なる行動の基本原則と確信するが故であり、また閣下との信頼関係に応える道でもあると信ずるが故であります。」（世界平和研究所『中曽根内閣史』より）

運動を行った。

日本はサンフランシスコ条約で東京裁判を受け入れていますから、少なくとも自分の手で裁かないかぎり、Ａ級戦犯というのは中国が言うところの一部軍国主義者なんですね。ようやくそうやって、憎しみの感情を抑えて理性の高みに立って、日中復交の思想的基礎をつくったわけでしょう。それをハンマーでぶち壊しているのが、靖国参拝ということになるわけです。中曽根はそのことをパッと理解した。安倍さんはたぶん死ぬまで理解しないと思う。ここにいちばんの問題がある。

金正恩体制の推移

辺　歴史は前へ発展しなければいけないんだけれども、後退している。やはりそれはよくない。

ふと思ったんですけどね、いずれにしてもオバマ大統領が仲裁して、日米韓首脳会談が実現したわけです。でも私なんかは、実際に日米韓首脳会談が仮に成功したならば、あるいはこれを機に日韓が二人三脚で足並みをそろえようとするならば、本当の意味での主役は、その場にいなかった北朝鮮の金正恩《キム・ジョンウン》第一書記ではないかとも思うのです。

高野　なるほど、なるほど。話をそっちへ向けましょう。

辺　よりによって日米韓首脳会談のタイミングに合わせて、北朝鮮がミサイルを発射したでしょう。[3]あれで日韓が一気に、このままではダメだということになった。

3　日米韓首脳会談と同時刻の二〇一四年三月二六日未明（日本時間）、北朝鮮は中距離ミサイル（ノドン）二発を日本海に向けて発射した。

高野　まるで打ち上げ花火だ。あのミサイルというのは、今に始まったことではない。最近しょっちゅう撃っていますけれども、いったいこれはどうなんでしょう。金正恩というのは何を考えているのか。お父さんが亡くなって急に指導者になった。その直後は結構経済改革を頑張ってやるんだ、と特に毎日新聞が連続スクープしましたけれども、内部的な演説とか指示とか、おお、結構やるじゃないかという感じもあった。でも今はミサイルをぶっぱなしている。常に硬軟両様なんだといえばそうなんですけど、どう評価したらいいのかわからなくなってしまいますね。

辺　金正恩氏は一〇代の頃、五年間スイスに留学していましたよね。外の世界も知っていますし、自分が将来リーダーになったら、この国はこうしなければならないという考えは、バカでないかぎり持っていたと思うんですね。

　現実にいまトップに立ちましたね。そのままお父さんの体制を引き継いだわけなんです。年齢はまだ三一歳ですね。特に、お父さんが亡くなったのが二〇一一年ですから、いまから三年前、まだ三〇歳にも満たない二七、八歳だったですね。

　金正日総書記は、将来、金正恩体制をソフトランディングさせるためには二人の後見人が必要だと考えていました。一人は軍、もう一人は党。軍は李英浩《リ・ヨンホ》軍総参謀長、金正日総書記と同じ年ですね。それから党は張成沢《チャン・ソンテク》国防委員会副委員長で、同じ自分の妹の夫、義理の弟ですね。彼をいわば後見人に付けた。ところが、気が付いてみたら、まず二〇一二年に李英浩軍総参謀長が失脚した。

高野　最初の失脚でしたね。

辺　それから一年経った去年、張成沢国防委員会副委員長が一二月に失脚したんですね。三一歳の金正恩ができるんだろうかと、ふと考えたんですよ。まだ、バトンタッチされて二年もたたない間に、それだけの実力者をことごとく失脚させた。まして張成沢は自分の叔父ですからね。

私もそうですけれども、朝鮮半島は封建的な儒教の制度、慣習がまだ色濃く残っていますので、上の人に対して、まして親族であれば逆らうことなんていうのは絶対にありえないですよ。

高野　目上の人の前で煙草も吸わないという、そういう世界ですからね。

実権を握る「元老」グループ

辺　それが、自分で手をかけて処刑をしたということは、金正恩がよほどの権力を握ったという見方もありますが、私の結論はそうではなく、結局、金正恩はそうせざるを得なかったということです。誰が、李英浩を切ったほうがいい、張成沢を追放したほうがいいと進言したかというと、これはおそらく北朝鮮の党、軍のなかの元老グループです。

例えば、中国共産党というのは、政治局員が最高権力執行部です。北朝鮮は同じように、労働党政治局員なんですよ。政治局には二〇人いるんですね。この二〇人の年齢構成を見ますと、七〇代、八〇代がその三分の二を占めています。日本は六五歳ぐらいで、中国は七〇歳で定年ですね。北朝鮮には定年制がないんですよ。ですから、たとえば北朝鮮の党序列二位の金永南《キム・ヨンナム》最高人民会議常任委員長が八五歳なんです。今年、北朝鮮の選挙で当選した人が、金日成主席の弟の金英柱《キム・ヨンジュ》なんですよ。この方は九五歳、それで任期五年ですから、任期を全うすれば一〇〇歳です。

こういうような元老、長老、そしてさらには軍のなかは、国防委員会がいちばんの最高権力機関で、一二人おります。で、トップが三一歳の金正恩第一委員長、以下一一人ですね。この一一人の年齢構成を見ても、五〇代がたった一人なんですよ。あとは七〇代、八〇代。

金正恩第一委員長を支えるのが、四人いる副委員長なんです。そのうちの一人が張成沢で、切られました。残り三人は、八九歳の元軍政治局長、八四歳の元軍総参謀長、七八歳の軍総参謀長、この三人がいまも健在なんですね。

こういう面々は、何を隠そう、初代の金日成政権の時には家臣として、二代目の金正日政権の時には重鎮として、いまの三代目にはまさにご意見番として体制を支えているんですね。

俗にいわれるような三代続く金王朝というのは、実はこの元老らがつくったんですよ。朝鮮民主主義人民共和国の建国は一九四八年九月九日です。朝鮮人民軍はそれより二三年前に創建されたんですよ。ですから、軍が国家をつくったわけです。だから北朝鮮は先軍政治なんですよ。そのなかに、軍の長老たちが依然として力を持っている。

高野　金日成というのは、その最初にできた抗日ゲリラの大隊長か師団長か、そのようなポジションだったわけでしょう。だから、元老たちにしてみれば、俺たちがそういう見栄えの利くような、恰幅のいい若いやつをシンボルに置いてやったんだ、という感覚なんですよ。

辺　パルチザン世代、白頭山[4]の血統を引き継いでいるのは、金正日、金正恩だけではなくて、いま申しました党、軍の長老たちもそのまま血統を引き継いでいるんですね。来年で朝鮮労働党創建七〇

4　アリランでも歌われている朝鮮民族にとっての聖地。金日成がここを拠点として抗日ゲリラ活動を展開したことから、自らを「白頭山将軍」と称した。金正日の生地とも称されるが真偽不明。

周年ですけれども、彼らがこの七〇年間、体制を維持してきた。そういう意味ではいまも既得権、あるいは利権、権益というのがあるんですよ。これに張成沢が手をつけて弾き飛ばされたというのが真相だと思います。

金正日も知らなかったミサイル発射

辺　それでも一部では、金正恩が元老たちに張成沢の粛清についてノーといえば、命まで取ることはなかっただろうという意見もあるんですけれども、それはできなかったと思います。どうしてかといいますと、金正恩体制は、軍の全面的な支持なくして、体制がもたないからです。ルーマニアのチャウシェスク政権も、最近ではリビアのカダフィ政権も、エジプトのムバラク政権も、最後は軍が離反しています。

生前、金日成が金正日に面白いことをいいました。集会やパレードがあった時に、人民大衆には片手でエールを送ってもいいけれども、軍人には両手を握ってやれと。さらには金正日は金正恩に、どんなことがあっても軍を手放すなと言った。金正恩からすれば、軍のほうからこの人は外すほうがいいですよと言われれば従うしかない。

軍は軍で、この若さの三代目をかついで、自分たちの権益、利権を守る。金正恩は彼らに乗っかって、金正恩体制をつくっていこうということですから、利害関係が一致しているんですね。そこに、やはり弾き飛ばされる人間がでてきた。

北朝鮮が日本と中国の瀋陽で外務省の課長級協議をやったり、あるいは横田夫妻とお孫さんの恩慶《ウンギョン》さんを御対面させたり、一方で北朝鮮は非常にソフトな方向に出ている。にもかかわらず突然、ミサイルを乱射するのは別問題なんですね。ミサイルは軍のマターなんです。

いま初めて、歴史的秘密を明らかにします。これは私の得た情報ではなくて、金正日総書記のお抱え料理人の藤本健二さんです。彼は二〇〇〇年まで北朝鮮にいました。帰国の二年前の一九九八年八月三一日に、北朝鮮のテポドン・ミサイルが日本列島を飛び越えて三陸沖に着弾して、日本人が驚いたことがありましたけれども、あの時、藤本さんは平壌にいたんです。それで、NHKの衛星放送を見たら、もう日本でてんやわんやになっている。北朝鮮からミサイルが飛んでいったと。そこで慌てて、金正日総書記の執務室に駆けこんだ。

そうしたら、藤本さんより一歩先に駆けこんだ張成沢氏が「将軍様、大変なことになった。我が国が日本にむかってミサイルを発射した」と言っている。金正日も「それは本当か」と。そこへ藤本氏が駆けこんで「将軍様、いま私も見ました」と。金正日は唖然としていた、知らなかったというんですよ。

一連のミサイルの発射は、軍が権限を持っているんです。いま北朝鮮がミサイルを乱射しているのは、米韓合同軍事演習真っただ中なのが大きい理由ですね。二つ目は、日本の集団的自衛権絡みだと思います。もしアメリカに向けて北朝鮮のミサイルが発射されれば、日本がこれを迎撃することになっています。北朝鮮が去年、ミサイルを撃ち込む場所ははっきりと、沖縄と三沢と横須賀と宣言しているんですよ。いずれも米軍基地がある所です。ということは、日米韓の軍事的歩み寄り、集団的自衛権の行使などに対する苛立ちや反発、あるいは軍事的対抗措置として、一連のミサイルの発射をしていないかと、私自身は分析しています。

ミサイル攻撃はありえるのか？

高野　集団的自衛権の議論で、安倍さんが盛んに国会でも言及し、安保法制懇でも筆頭に挙がる類型が、北がミサイルを撃った場合です。最初のうちは、おかしいことに、北朝鮮が米本土に向かってミサイルを撃った時に、日本は何もしなくていいのか、という言い方でした。それは私も、自分の主宰する「インサイダー」で地図などを元に解説しましたけれども、北がアメリカ本土に向かって、そんな能力を持つのは五年か一〇年先の話です。

どこへ向かって撃つかというと、ウラジオストック上空から北極海、カナダを通っていくわけで、日本海でいくら迎撃しようと待っていても、日本の方には来ないんですよ。見当外れだと私は散々言ってきた。

最近、安倍さんは何て言っているかというと、つい最近の国会答弁でも「ハワイやグアムなど米領土にむかうミサイルを撃ち落とさなくてもいいのか」と言い方が変わっている。私が言ったからとではなく、さすがに専門家から指摘があったんでしょう。確かにグアムに向かって撃てば九州上空辺りを飛んでいくだろうし、ハワイを撃つんだと岩手県から三陸沖のほうを通っていく。

辺　一応日本の領空を通過すると。

高野　だけど、グアムにせよハワイにせよ、米領土を標的にミサイルを撃つという時、北朝鮮はすでに対米戦争を開始しているか、それを決意しているわけですよね。

辺　ということは、交戦状態になっているということです。
高野　という時に、日本を撃たないで、頭越しにグアム、ハワイを撃つことは、私は一〇〇パーセントないと思うんですよ。まず沖縄、横須賀、そして三沢を狙うに決まっているわけです。余力があれば、グアムとかハワイの後背基地も狙うかもしれない、という事態は想定されますが、ある日突然、北朝鮮が気が狂ったみたいに日本を飛び越えてハワイとグアムだけを撃つということは全くありえない。
辺　ありえないですね。
高野　それからもう一つは、仮にハワイとグアムを撃つことがあったとして、日本海にイージス艦を並べても、現在の技術では迎撃出来ないんですよ。この間、朝日新聞で元陸幕長の軍人さんが「噴飯もの」であると言っていた。現場の自衛官、指揮官からすれば、二重三重に滑稽なことを言っているわけです。
　集団的自衛権の議論は、国際的にも笑いものになると思って、私は憂えているんですよ。どうせ議論するなら、もうちょっとまともな議論をしたらどうか。ちょっと議論が逸れてしまいましたけれども、辺さんの言う通り、まず飛んでくるのは沖縄だと思うんですね。対米開戦を決意した時に、米軍基地を狙ってその前線基地を破壊してから次の手を考えるとになるわけです。
辺　一〇〇歩譲って、北朝鮮のミサイルが日本にやってくる、あるいは日本を越えてアメリカに行くとしても前提条件があって、高野さんが言ったように、北朝鮮とアメリカが交戦状態にあるということです。戦争宣言が出てから衝突になるのか、不意に局地的戦闘が全面戦争に発展するかということですが、ミクロ的に見ていきますと、交戦状態になる方法は一つしかないんですよ。それは、アメリカが北朝鮮のミサイル基地を叩く。あるいは北朝鮮のミサイルをアメリカが迎撃することによってです。

金正日は二〇〇九年の段階で、ミサイルがアメリカのイージス艦によって撃墜された場合、そのアメリカのイージス艦に報復すると明言しています。仮に米軍基地から迎撃されたなら、その米軍基地を攻撃するということで、北朝鮮は一連の有事に備えて、ノドン・ミサイルも含めて訓練をしているわけです。

日本と北朝鮮は本来、領土問題も資源紛争も何もないんですよ。あるのは拉致問題だけで、これで日朝が交戦なんていうのはありえない。あくまで日本がアメリカの助っ人になった時に、すなわち日本がいろいろな後方基地として物的支援をアメリカに行った場合、あるいは人材派遣というかたちでやった場合、交戦は起こりうるんです。

高野　基本的には安保条約があるから、北朝鮮を攻撃する理由がある。他に特に理由はないんです。そのへんが、防衛論のいちばん基本のところなんですけれども、何か夢のようなことをいっている政治家の方はいっぱいいますよね。

制裁解除のための拉致問題進展

高野　まあそれにしても、一方で、横田めぐみさんの娘とご両親が再び面会した。[5]これは北で何か

5　二〇一四年三月、モンゴルのウランバートルで横田滋・早紀江夫妻が孫娘の金恩慶《キム・ウンギョン》氏らと面会した。

緩み出しているということですか？　何とかしようという気が向こうにあるということですか？

辺　金正恩体制は非常に矛盾した路線を打ち出しています。一方では先軍政治のもとに軍拡し、具体的には核ミサイルの開発は継続すると言っている。他方で、悲願である人民生活の向上、経済の立て直し、これも同時進行するというんですね。しかし、北朝鮮が核とミサイルを開発すれば、国連の制裁決議が高まるわけで、非常に矛盾しているんだけれども、日本に対しては、拉致問題で前向きに出れば、日本独自の制裁措置を緩和できる。

これは自民党の福田政権下で交わした合意[6]ですが、北朝鮮が政府が認定した拉致被害者の残り一二人の安否確認のための作業、すなわち再調査を行えば、日本は人の往来、チャーター便の往来を緩和する。ひいては、万景峰号の人道物資輸入に限定した入港も認めよう。あるいは、小泉政権下の二〇〇四年、中断したまま、ストップしたままの医療支援、食糧支援も検討する用意がある。これが北朝鮮側の実利を得るという一つの狙いなんですね。

もう一つは、日本を引きこむことによってプレッシャーをかけ、そして北との直接協議、六カ国協議の無条件再開に応じないアメリカを引っ張り出したいという狙いがあって日本との交渉に臨んでいる。問題は本気度なんですよ。

私が最も関心を払っているのは、例の朝鮮総連本部建物の競売です。この朝鮮総連の競売については、北朝鮮の宋日昊《ソン・イルホ》朝日国交正常化担当大使が二〇〇七年から、朝鮮総連の物件を競売にかけ、召し上げることは、在日朝鮮人に対する弾圧政策だけでなく、朝鮮総連を事実上の大使館と見なす我々に

6　二〇〇八年八月一二日に結ばれた合意。三週間後の九月一日に福田総理が辞職したことで遂行されなかった。

対する敵視政策の表れだ、もしそういうことをやれば、それ相応の措置をとると言っているんですよ。

ところが不思議なことに、今回うんともすんとも北朝鮮は反応しない。朝鮮総連の今回落札された価格、二二億一〇〇〇万円よりも北にとっては大きな実利、それが日本からの制裁が緩和されることなんですね。ということはですね、北朝鮮は相当真剣に、日本との協議に臨むのではないかなと私は思っています。三月三一日の局長級協議一発で決まる可能性もある。ダメな場合でももう一回再開して、二〇一二年の野田政権下で交わした合意[7]、すなわちその四年前の二〇〇八年の福田政権の合意にまで戻ることができる。

最後通牒である再調査と今後の展開

高野　その合意というのは、残りの一二人の再調査をするというものですね。

辺　日本では再調査というふうにいわれていますけれども、これは正確にいえば再々調査なんですよ。小泉さんが二〇〇二年に訪朝する前に、北朝鮮が再調査をした結果が、五人は生存して、残りはアウトですというものだった。二〇〇四年に小泉さんが「それでは納得できないから、もう一回再調査をしてくれ」と言ったら、金正日がもう一回白紙に戻して、再調査をしましょうと調査して、やはり亡くなっていますという結果であった。その証拠として、めぐみさんの遺骨を出してきたんですね。あ

7　野田政権下の二〇一二年一一月一五、一六日、モンゴルで日朝政府間協議が開かれた。杉山晋輔アジア大洋州局長、北は宋日昊大使が参加した。北朝鮮側は日本人戦没者の遺骨収集と引揚者の墓参りを議題にしようとし、拉致問題の解決を求める日本政府との交渉は難航したが、福田政権下の合意を確認することで一致した。しかし翌月一二月一二日のテポドン発射、二六日の野田内閣総辞職によって協議が中断した。

とは、日本に無事戻って来れた地村さん、蓮池さん、曽我さんたちのお子さんたちを連れてきた。ということとは、残り八人の方々は亡くなっており、さらに、曽我ひとみさんのお母さんを含めて、四人については北朝鮮に入国した事実はないというのが再調査の時の回答だったんですね。

あれから一〇年経った、まさに五月二二日は小泉訪朝から丸一〇年目なんですよ。三度目の調査の結果、これがすべてだと思うんです。

三度目の調査は最後通牒に等しい。まして金正恩政権下の最初の調査結果ですから、これがすべてなんです。日本が全員生存、全員帰国、こういう満額回答だったらもう文句なしなんですよ。しかし、もしかすると、前回と同じように、生存者ゼロ、他にもおりませんというゼロ回答の可能性もなきにしもあらずなんですね。

いちばん難しいのは、政府が認定した一二人はアウトだけれども、特定失踪者といわれている人たち、八〇〇人説もあるし九〇〇〇人説もありますけれども、ここから何人か出てきた場合です。満額でもない、ゼロでもない、合否のつきにくい再調査の結果を北朝鮮が出してきた時に、安倍政権がどうするのか。

高野　安倍政権であれば、それは満額でなければおかしいではないか、嘘をつくなと、必ずこういう態度になると予想がつきますよね。そうすると、そこで決裂します。

辺　ですから、そういう局面が来るということなんです。横田夫妻なんかも、はっきりさせてもらいたいと思っている。もちろん娘は生存していると固く信じているけれども、しかし今のような宙ぶらりん状態が彼らにとっても一番困るんですね。もう小泉の二度目の訪朝から一〇年ですから、ある意味では白黒つけなければいけない。そう考えますと、日程的に言いますと、福田政権下の合意では、合意して強力な調査委員会を立ち上げて、再調査に入り、あれは八月八日の時の合意でしたが、その日程では遅くとも秋までには通告すると言っていた。ということは、二カ月ないし、どんなに時間がかかっても三カ月で回答するということです。

万が一、三月三〇、三一日で合意、あるいは四月に入って合意したとする。四月の下旬から再調査を開始すれば、五月か七月には回答の結果が出てきます。そこまで、よほどのことがないかぎり、今の膠着状態が前進するのではないかと見ているんです。

ミサイル発射のタイミング

辺　過去、自民党の福田政権下で拉致再調査がぽしゃってしまった、その年に金正日が倒れ、福田政権が退陣した。翌年、二〇〇九年に北朝鮮が核実験をやったことで、交渉が四年間ストップして、ようやく野田政権下で二〇一二年一二月にまた日朝正常化協議が行われたんですね。しかし、野田政権が退陣し、北朝鮮がテポドン・ミサイルを発射したことで、また延びて、今度安倍政権下で三度目の正直なんです。

今のところ日本では政権交代の可能性が低い。アメリカが怖れているムスダン・ミサイルとか、一度も発射したことのない射程距離五〇〇〇キロメートルのＫＮ－08か、あるいは再度テポドン・ミサイルを発射すれば、また交渉は流れてしまいます。

これまでテポドン発射の後には、核実験があった。二〇一二年には、四月一二日の金日成生誕一〇〇周年に合わせてやって失敗したんですね。それで再度チャレンジしたのが、二〇一二年一二月七日が金正日の死去一周忌、その五日前にやったんですよ。何かの節目の日に必ずやるんです。
ただ、今年一つ楽観してもいいのは、二〇〇六年、二〇〇九年、二〇一二年の三年置きにやっているということです。順番からすると来年なんですよ。来年二〇一五年一〇月には労働党が創建七〇周年を迎えます。ここが一番可能性が高い。ただ金正恩は早くやれ、前回よりも三倍規模のものを発射しろ、と言っている。前回の発射されたロケットを、我々はテポドン三号、北朝鮮は銀河三号、あるいは光明三号と呼んでいるんです。金正恩は一気に九号を打ち上げると言っているので「三倍」ということです。

高野　すごいな、それ（笑）。

辺　笑いごとじゃないんですよ。今、東倉里《トンチャンリ》というミサイル発射台が従来の三五メートルから、五二メートルに拡充されています。その工事が今月三月で完成なんです。四月からテポドンはいつでも発射できるんですよ。
そこで気になる節目の日が、なんと七月八日。

高野　何の日ですか？

辺　金日成死去二〇周年なんです。しかし、仮にやってしまうと、再調査が同時進行しているだけに、またぽしゃってしまう。

高野　軍が勝手にスケジュールを立てているわけだから、外交部でいくら苦心惨憺そこまで持ち込んでいっても、そんなの知ったことかということなんですね。拉致のことを言われても、金正恩は別に調整することができないと。

辺　元老たちの世代はそういうことですね。ミサイルについて権限を持っているのは、やっぱり軍なんですよ。

元老たちの次世代

高野　元老たちが全部死んでしまうとどうなるんですか。軍には、やはりそういう思想をそのまま引き継ぐ次世代がいるわけですか？　世代が代わると、ちょっと違ってくるでしょう。

辺　違ってきますね。だから、一九九四年に金正日総書記が五二歳の時に、お父さんが亡くなって、権力を引き継いだんですね。その時は、拉致を認めていなかった。彼が拉致を認めた二〇〇二年まで八年かかったんですよ。これは、やはり軍が原因です。

　我々にすれば拉致は国家犯罪ですね。その国の最高指導者、最高司令官が、その国の国家犯罪を敵国の最高指導者、最高司令官の小泉に認めるということは、これは軍からすると断じてあってはならないことなんですよ。

　まして、特に当時金正日を支えた軍の中枢は、高野さんの先程のお話にも出てきた、抗日パルチザンの人たちで、植民地時代に日本の関東軍、日本軍とゲリラ戦をやった面々です。彼らが二代目金正日、若様を抱えている。金正日が経済を建て直すためには、日本からの経済協力が必要なんだ、だから俺は腹をくくるぞというのは、そう簡単には元老も認めない。だから、一九九四年に金日成が死んで、そうして政権を引き継いでから、拉致を認めるまで八年かかった。

それをそのまま三代目の金正恩に置き換えると、これは皮肉なことですけれども、彼が父親のように独裁的な権限を持って初めて、彼のカラーを打ち出せる。ですから、今の段階では、あまり楽観的な予想はできないのではないか。

高野　金正恩自身の方が危なくなる。その養老院みたいな軍人さんたちって、何とかならないんですかねえ。

辺　僕らは昔、映画でローマ、アレクサンダーとかヴィクトリアだとか、いろいろな昔の君主を見ましたけれども、常に二代目、三代目の王子様というのは、元老グループに頭を悩ませているものです。北朝鮮という国は、儒教と封建の流れをそのまま汲んで、一度たりとも近代化されたことがないからこそ、長老、元老らが依然として力を持っている。彼らの発想転換がないとダメですね。

高野　なるほどね。我々の世間的な常識からものを考えても、北朝鮮という国は何が何だかわからなくなってしまうということなんでしょうね。

第2章　金正恩体制の驚くべき内実と日朝交渉の行方

朴斗鎮＋鳩山友紀夫（二〇一三年一〇月二八日放送）

鳩山　韓国・北朝鮮のことに関しては第一人者、大変な権威でございますコリア国際研究所の所長、朴斗鎮先生にお出ましをいただきました。色んなことを伺いたいんですけれども、朴先生には二〇〇四年に黄長燁《ファン・ジャンヨプ》さん[1]、主体《チュチェ》思想の育ての親が北朝鮮から亡命をして韓国・ソウルにおられるということで、ちょうどその当時民主党の拉致対策委員会の本部長を務めておりました私や、同じ対策本部の渡辺周さん、中川正春さんと一緒に朴先生にお世話になって、大変な大物の、ご高齢でしたけれども黄長燁先生にお目にかからせていただきました。

朴　鳩山先生とかそういう重要な方々に会っていただいて、黄先生も喜んでおられました。

鳩山　でもなかなか気難しい方であったと思いますから、そう簡単に政治家の私共がお目にかかることはできなかった。

朴　そうですね。誰にでも会うという方ではなかったんですね。自分の信念で生きておられた方なので。まあ、鳩山先生たちとお会いできたことは黄先生の活動でも重要な意味を持っていたと思いますね。

鳩山　そのときを想い出しておりますけれども、ソウルの余り大きくないホテルでしたね。

朴　こじんまりした非常におしゃれなホテルだったと思います。

鳩山　そこにマル秘でお互いに入って、会談をした。最初は和やかだったんですけれども、渡辺周さ

1　一九二三―二〇一〇年。モスクワ大学哲学博士号取得後、金日成総合大学で教壇に立つ。一九六五年から同大学総長。一九七二年に最高人民会議の議長に就任。一九七九年から朝鮮労働党書記、一九八四年から労働党国際担当書記を務めたが、一九九七年に韓国に亡命。

んが後半、たぶんゆっくりとした黄先生の主体《チュチェ》思想に対するご説明に対して苛立ったんでしょうか。時間的なことを気にしたものですが、本来、何時間かけてもいい話だったので残念でした。

朴　あの時、黄長燁先生の想いは、やはり金正日政権を打倒しなければならないというものでした。自分の使命は北の人たちを解放することだということで、日本の政治家の方々にも民主化の一助を得たいという思いがあっての色んなお話の途中で、渡辺周さんが、それよりも先に核や、現実の問題に早く入ろうとして――

鳩山　拉致の話があまりない中で苛立ったのかもしれませんけれども、私なんかはこの主体《チュチェ》思想について、じっくりお話をうかがうことができる機会が持てたことは大変参考になり、ありがたかったです。まだ多くの日本の国民の皆さんが、この主体《チュチェ》思想は一体何だ、と思ってらっしゃるかもしれません。主体《チュチェ》思想に関して、解説していただけますか？

主体《チュチェ》思想とは何か

朴　この主体《チュチェ》というのは当初、一九五五年に金日成が使った言葉でした。いわゆる事大主義[2]に対して、つまり他人の国の考えで動いてはならない、朝鮮は朝鮮革命の利害を中心として物事を進める必要があるという考えでした。だから朝鮮革命が「主体」とならなくてはならない。朝鮮革命を中心に見ろ、外国を基準にしてはいけないと。当時ちょうどスターリン批判（一九五六年）の時期と重なっ

2　「孟子」の一節「以小事大」（小を以って大に仕える）から、小国が大国に仕えること。朝鮮では李朝の対中外交方針がこれにあたる。

たこともあって、金日成は「主体《チュチェ》」を一つの自分のイデオロギー的支柱にしていくわけですけれども、これに対して黄長燁さんは金日成からですね、主体《チュチェ》思想を哲学化しなさいという指示を受けるのですが、朝鮮革命が主体だということになれば、朝鮮革命は運動ですから、運動が主体になることになり哲学的論理にはそぐわないということで、黄長燁先生が主体《チュチェ》は人民大衆だと定義した。人民大衆がすべての主人であり、全てを決める。革命と建設における主人は人民大衆であり、人民大衆がすべてを決定する、という今言われている「主体《チュチェ》思想」を定立するわけです。

鳩山　日本でも、主人公は国民であるとか、国民が中心の政治だということが言われますよね。そういう意味では当然の主張であるという風にも思われます。

朴　当然の主張ではあるんですが、哲学的原理に於いて黄先生が重点をおかれたのは、マルクス・レーニン主義は階級闘争にあまりにも終始しているとする批判です。プロレタリア独裁が正当化されるわけですけれども、黄先生が言われたのは、ある意味「友愛」とも通じるんですが、対立よりも協調の方がより重要だということです。

鳩山　それはいいことですね。

朴　協調が歴史を推進させるのであって対立が歴史を発展させるのではない、マルクス・レーニン主義の階級闘争論というのはその点で基本的には間違っていると、そういう視点で主体《チュチェ》思想の論理を展開されました。けれども、それでは北朝鮮の支配思想としては良くない。北朝鮮支配層は、階級闘争論を込めた首領独裁の主体《チュチェ》思想にしなければならないと考えているので、そこで相当内部で葛藤があったそうですよ。亡命の一つの要因も、主体《チュチェ》思想をめぐってのイデオロギー闘争が相当あったみたいです。

鳩山　対立より協調である、人民が中心の国を作らなければ、という話になればある意味で民主主義ですよね。

朴　そうです。だから、民主主義に向かわねば駄目だというのが黄先生の信念であったわけですね。

鳩山　その主体《チュチェ》思想で金《キム》体制を維持するというのはなかなか難しい話ではないですか。

朴　そこに黄先生のロマンがあった。指導理念を作り替えることで、マルクス・レーニン主義の階級闘争論による社会主義ではなく、人民大衆が「主人」で「協調すること」が階級闘争より素晴らしいんだ、という論理で社会主義、いわゆる朝鮮民主主義人民共和国を作っていけないかと考えたんです。

鳩山　それができればね。

朴　壮大な夢だったわけですけれどもね。

鳩山　理想的な国家になる可能性があった。

朴　現実に自分の弟子たちとそういうことを秘密裏にいろいろ研究をなさっていたので、鳩山先生がおっしゃったように民主主義の方向に向かう哲学として発展していれば、北朝鮮の国民も幸せになる要素があったわけですね。

鳩山　ちょっと話が別になるかもしれませんが、例えばベトナムなどドイモイ（刷新）政策[3]等も同じような発想なんですか？　それとは全く別のものなんですか？

朴　正常な政治家は国民をどうやって幸せにするか考えますけれども、ドイモイも明確に、スターリ

3　一九八六年の第六回党大会でベトナム共産党が採択した政策。市場経済の導入と対外開放化政策を柱とする。

ン主義を否定した中で出てきた思想だという事ですね。ところが、北朝鮮の支配層は、スターリン主義を捨てちゃうと、個人崇拝まで捨てなきゃ駄目なので、それで葛藤が起こった。

鳩山　そこで主体思想《チュチェ》を哲学化し、それが北朝鮮の哲学となった一方で、それを作った張本人が、亡命せざるを得なくなったということですね。

朴　そうですね。黄長燁先生自身は主体思想《チュチェ》というのは自分が言い始めたものじゃない。いつからか言われ始めたかも分からないけれども主体思想《チュチェ》という言葉については、それは金日成が使っていた言葉だと。それと区別するために黄長燁先生は自分の哲学を「人間中心の哲学」ということで言い換えて、韓国でいろんな学者たちと交流していました。だから「主体思想《チュチェ》を作った人」と言うのは、厳密に言えばそこには少し語弊があると、常々おっしゃっていましたけれどもね。

主体《チュチェ》思想と「友愛」

鳩山　人間中心の哲学という意味では、まさに友愛の哲学と。

朴　そうですね。共通する部分が私はあると思っていますね。

鳩山　本来そういう哲学的なところがあるんでしょうね。それと統治機構というものと、どう整合性をとるかというところが大きな課題だったのではないでしょうか。

朴　結局あの哲学を進めると、民主主義に進まざるをえなくなります。だから黄先生は韓国に来られても、引き続き民主主義について、個人と集団という問題について相当研究なさいましたね。だから集団主義に偏ると全体主義に行く、個人主義に傾くと利己主義の方向に行くと。個人と集団というのは厳然として違うものだが、社会はその統一で成り立っている。このバランスをどう取っていくか。これが韓国に来られて追求された研究でした。

鳩山　なるほど。個人と集団という言葉を、私は、個人というのは自由を求める、集団は平等を求めると理解しています。自由と平等というものをいかにして両立させるかというのが哲学的にも、非常に厳密には難しいかもしれませんが、それを追うと梯《かけはし》となるのが私は「友愛」の考え方だと普段から申し上げています。黄先生の晩年の考えは、かなりそれに近い。

朴　かなり似ている部分がありますね。だから、個人の人権を守った上で、社会的利益をどう融合させていくかという点、この問題は民主主義を発展させる上で、ずっと提起される問題であろうという考えをもっておられました。

金正日の実像

鳩山　その黄先生が亡命された金正日体制ですが、金正日は黄先生に対してどういった思いを持っていらっしゃったんでしょうか？

朴　黄先生が金日成総合大学の総長だったとき彼は学生で、直接色んな教えを受けていた。あの当時は金日成の子弟であるということでは特別扱いされていましたけれど、まだ今日のように神格化、絶対化された時代ではなかったものですから、黄先生の教えも受けたそうです。しかし、あまり勉強は好きじゃなかったようです。金正日は、黄先生が哲学で弁証法などを講義すると「先生、頭痛くなるからやめましょう」と言って出て行ってしまったとかね。金正日は、マルクス・レーニン主義を全部理解して自分が主体《チュチェ》思想を展開したようなことを言っているけれども、資本論を七ページも読んでいない、という話はしてました。我々の感覚では、ちょっと勉強しておれば、黄先生の話は非常に分かりやすい話なんです。そういう話も嫌だということは、基本的に勉強が嫌いだったということですね。だけど金正日については、利害打算の才能は素晴らしいものがあったとおっしゃっていました。いわゆる敵味方を分けて、どのようにすれば自分に有利になるか見極める能力——これは権力闘争で発揮されました。それともう一つは、これと関連して、敵味方を識別する能力。これも非凡なものを持っていたとおっしゃっていました。だから独裁者としての能力に於いては、非常に優れたものを持っていたけれども、それは人民にとっては非常に不幸なことであったと。

独裁を支える特異な価値観

鳩山　ただ、人民にとっての幸せを求める、幸せを与えるような独裁者だってありえるんですよね。

朴　そう。民主主義に行く過程で、よく日本でも言われる「開発独裁」という、ある一定の独裁が存在します。例えば韓国でも一定の独裁過程を経て、民主化されていきました。こういう独裁もあるんですけれども、北朝鮮の場合は金氏一族の利権・権力を永遠に維持するための独裁なので、人民と結びつかないんですね。だからすべて物を見るときに、自分の一族の権力が維持できるかどうかを基準にする。そのために人民が犠牲になってもしょうがない。

それについての一つの例が、今でも北朝鮮では、火事とか水害とか災害が起こったときに、まず金日成主席と金正日総書記の写真を真っ先に持って逃げねばならないことですね。家がどうなろうが、死に直面しようが、それが求められる最重要の価値観です。今から十数年前に平壌でホテルが火事になったことがあるんですが[4]、その時は何も全焼することはなかったんだけれども、金正日が小さい時に使っていたピアノを真っ先に持ち出さなきゃだめだということで、運んでいる間に全部燃えちゃった。これは事実の話です。だから価値観が全然違う。独裁というのはよくないんだけれど、国民が豊かになるために、ある一定の期間権力を集中して、資本の蓄積も行うという形の開発独裁とは全く違う。

鳩山　当然のことながら国民一人一人に意思があるわけですよね。価値観というものはいろいろ強要されても、例えば、お二人の肖像画を持って逃げることよりも、自分自身で考えれば、それよりももっと正しい価値観があるんじゃないかと、多くの国民が気付くはずですよね。

朴　いや、それは価値観に対する選択のある社会ですね。だけどあの社会は一つの価値観しかない。幼稚園のころからそれしか教えないですから。

鳩山　それを信じているわけ？

朴　信じているし、それが一番立派な考え方だと思っている。

鳩山　それで幸せなんですか、彼らは？

朴　その価値観と何故こんなに貧乏なのかというのがなかなか結びつかないんですね。貧困など非常に不幸せであることと、自分の政治指導者の行動とが結びつかない。「政治指導者がいつも立派で絶対的に素晴らしい」と教え込まれているものだから、結局下の幹部に不満が向かう。幹部に対する批

4　一九九九年、平壌にある大同江ホテルが全焼した。

判はしても、ガス抜きになるわけですから、収容所に送るということは一切しません。ただ一点、唯一指導者に対して色んなことを言い始めるとすぐ収容所に送られる。

だから日本の感覚ではちょっと考えられない特異な価値観がある。それをなぜ我々が分かるかというと、我々も朝鮮総連でそういう教育を受けてきた。私なんかは、朝鮮大学の先生を辞めてから、頭の中で金日成元帥という言葉を金日成に変えるのに一〇年かかっていますから。なかなか言えないんですよ。よく脱北者の方が金日成、金正日について言う時に、ついつい元帥を付けたり総書記をつけたりするのは、それほど徹底的に刷り込まれているということです。新興宗教とかで、「辞めたらお前、罰が当たって大変なことになるよ」と言われたりすることがよくあるじゃないですか。それと同じような負担感があるわけですね。だからなかなかそこから抜け出せない。そのような洗脳の技術を北朝鮮は世界最高に発展させた。それが成功すれば、いかに国民が貧困になろうとも、国体は維持できるということを北朝鮮は発見したんじゃないですかね。

情報統制と思想のバリア

鳩山　私は昔、サッチャー首相（当時）にお会いしたことがあるんですけれども、ちょうどソビエトがいわゆる情報面で相当オープンになっていく、結果として民主化され、体制が変っていった時だったんですよね。サッチャーさんから「私たちが、いわゆる通信・情報でソビエトを開いていったのだ。北朝鮮はあなた方の番だ。同じようにやりなさい。情報通信、こういった手段がこれから彼らを開くことになるから」ということを伺ったんですね。今の世界の正しい価値観も含めて、現状というものがまだ北朝鮮の民衆に知らされていない状況が続いているのか、それとも国民はそれは知っているんですか？

朴　国民全部がじゃなくて、いわゆる外国に出てきたり、ビジネスに出てきたりする人達は、情報は分かっているし、今は韓流も入っている。韓流が多くの若者の心をとらえていて大変ですよ。最近、銀河水《ウナス》管弦楽団がＡＶビデオを作ったとか言って、大きな事件になっていますが、その底辺には韓流がある。韓流の映画俳優の顔に近づけたいといって、二重瞼にしたりするのはそこらじゅうの人がやっている。医者でもない人が手術をして金儲けをしている。韓流が社会に相当入り込んでいるんですよ。入り込んでいるんですが、ある一定の思想のバリアは崩れない。我々もそうでしたが「外から来るものは信用するな、それは嘘だ」と思い込ませている。

時々偽《ニセ》情報を流して、それに西側のいわゆる新聞社、メディアなどがひっかかると、西側のメディアはこんなデタラメなんだと言って情報操作をするわけです。例えば一時、金日成が死んだという情報を韓国に流し、そのちょっと後で、モンゴルの大統領を呼んで、金日成が登場するところを見せた。いかに西側の情報というのはデタラメかという情報操作を絶えずしますから、西側から情報が入っても、それが本当なのかウソなのかがなかなか判断できない。結局刷り込まれた価値基準で見ることになるから、これは違うんだろうと思い込んでしまう。

鳩山　インターネットとかは普及しているんですか？

朴　政府の一部特殊機関はインターネットを使えるんですね。だけど一般の人は一切使えません。また外国から来たビジネスマンとか新聞記者はある程度接続できますが、まずものすごく時間がかかる、そして高い。情報閉鎖と教育をセットにし、かつ恐怖統治をそこに組み合わせると、人々はいろんな不満があっても、それがトップのせいだというよりは、身近にいる自分の真上にいる幹部がトップの言うことをよく聞かないでやっているせいだと思い込んでしまう。中間職が悪いんだと不平を向けさせることでガス抜きをするんですね。

準備が出来ていない金正恩体制

鳩山　金正日が亡くなったのも大変急でしたよね。これは事実が事実としてすぐに流されたんでしょうか?

朴　二〇一一年一二月一七日に亡くなって、一九日に報道を流したんですけれども、この二日間に色んな議論をしたと思います。金正恩には思想・理論もないし、統治してきた経験もないから金正日の遺訓ですべてを治めている。日本で言うと、水戸黄門の印籠ですね。これが見えぬか、という様な形になっている。

鳩山　これからの金正恩体制がどうなっていくのか、あるいはこの二年間の体制はどうであったか、少しご説明をいただけますか?

朴　金正恩体制というのは金正日の突然の死で訪れたものだから、様々な無理や、準備できていない面がある。

鳩山　ただ金正日が生きている間に、その次は金正恩だと、そういう方向性はできていたんですよね?

朴　それも色んな説があるんですけれども、金正日が二〇〇八年の八月に脳卒中で倒れますよね。そこから後継者を誰にするかという議論が始まっているわけです。そこまでは金正日総書記自身もそんなに早く死ぬと思っていないから、二〇〇六年あたりは後継者問題を議論するなと。騒ぎすぎて粛清された人もいた。その時はまだ自分は元気なんだから急ぐことはない、ということで。ある程度誰を好んでいるのかということは公にしていたけれど、明確な路線として誰を後継者にするとは打ち出していなかったんですね。

それが二〇〇八年の八月に倒れたことで、急に後継者の決定がなされていき、二〇〇九年一月に内部で正式に金正恩が後継者になるという通達がなされた。金正日が後継者になる時に比べると、極端に準備時間がなかったものですから、いろんな無理がかさんでいるわけですね。

金正日が後継者になるときは、対外的にも説得する必要があって、それなりの後継者論を作って、浸透させていったわけですけども、金正恩の場合はそんな余裕がなかった。中心の親族が集まって「じゃあ、彼にしよう」ということで決めて、世襲というものを隠さないで、理論は一切いらない、いわゆる白頭山の血脈であればそれでいいんだとした。ということで、彼の偉大性を宣伝しようにも、材料がないもんだから、三歳の時に何かをピストルで撃って命中させたとか、ベンツを運転したとか、当初は訳も分からないような業績を宣伝したんですけれど、最近そういうことは言わなくなりました。

金正男の思惑

鳩山　その家族会議、親族が集まって後継者を決めるという時に、かつての日本の天皇でも兄弟や親子で殺しあったり、ということがありましたよね。例えば金正恩は長男でもないわけで、長男の金正男《キム・ジョンナム》は黙っていたんですか？　彼はどういうポジションですか？

朴　金正男は中国を拠点にして海外で、主に外貨稼ぎの仕事をやっていたわけですけれど、金正日総書記は当初、彼を一番かわいがっていた。だけど愛情が三番目の夫人の高英姫《コ・ヨンヒ》に移っていくにしたがって、どんどん金正恩の方に比重が移っていく。高英姫との間の子でも、正哲《ジョンチョル》か、正恩かといった場合、優しいタイプの正哲よりも、リーダーシップが強い正恩の方がいいんじゃないかという話は、倒れる前に周りにもしていたらしい。

親族も全員が賛成したわけではないけれども、最終的には正恩を後継者に決定した。もう既に金正日の異母兄弟は自分の伯父も含め全部排除していましたから、そこに集まったのは金慶姫とか、張成沢とか、その他一部だけですよね。

あと正恩が排除する必要があるのは正男と正哲。正哲は伝え聞くところによると、いろいろ納得して自分は退いたらしいです。正男は納得せずに、正恩の継承後、色んな発言をしていた。お父さんは世襲を認めていなかったとか、世襲は誰が考えてもおかしな体制だとか。

鳩山　世襲がおかしいと言うと、体制が維持できないって話ですよね

朴　世襲体制はよくないと、彼は日本のテレビで明言しました。日本のとある新聞記者とのメールのやり取りが出版されたことで、そういうことをしていると命の保証はないぞと、相当な圧力を北の方から受けたんじゃないですか。それで最近は何も言わなくなっていますね。他にも、彼と悪い関係ではなかった金正日の妹で、張成沢の妻であった金慶姫《キム・ギョンヒ》あたりが、あまり外に出て内輪のことを話すな

郵便はがき

料金受取人払郵便

神田局
承認
1010

差出有効期間
平成28年2月
28日まで

101−8791

507

東京都千代田区西神田
2-5-11出版輸送ビル2F
㈱花伝社 行

お名前《ふりがな》

お電話

ご住所（〒　　　　　）
（送り先）

◎新しい読者をご紹介ください。

お名前《ふりがな》

お電話

ご住所（〒　　　　　）
（送り先）

愛読者カード

このたびは小社の本をお買い上げ頂き、ありがとうございます。今後の企画の参考とさせて頂きますのでお手数ですが、ご記入の上お送り下さい。

書名

本書についてのご感想をお聞かせ下さい。また、今後の出版物についてのご意見などを、お寄せ下さい。

◎購読注文書◎

ご注文日　　年　　月　　日

書　名	冊　数

代金は本の発送の際、振替用紙を同封いたしますので、それでお支払い下さい。
（2冊以上送料無料）

なおご注文は　FAX　03-3239-8272　または
メール　kadensha@muf.biglobe.ne.jp
でも受け付けております。

と説得したんじゃないですか。その後も正男は金慶姫と何回か会っているという情報があります。

　中国も正男をフォローしていると思いますよ。中国としては、核は絶対許さないと明確にし、金正恩をけん制している。一方で北朝鮮は必要だという矛盾したスタンスなんですね。だからもしも金正恩が中国の国益を前面から害するような行動に出た場合は、金正男をカードとして抑えておこうとしています。「白頭山の血脈」が継承を正当化するならば、金正恩じゃなく正男だっていいわけです。今回発表された党の唯一的領導体系十大原則[5]を見ても金正恩の固有名は何処にも出ていないです。金日成や金正日の名前は出ていても、金正恩の名前は出ていないから、血統が同じであれば誰であっても、今の十大原則は適応できる形になっています。

中国の北朝鮮に対する立ち位置

鳩山　北朝鮮からすれば、中国の意向に逆らってしまった場合に彼ら自身の生存も危うい。ただ、金正恩体制は、経済の活性化と、それから核の維持を併進すると言っている。
朴　それが金正恩の総路線だと言っています。
鳩山　核に関しては中国は認めないですよね。
朴　中国は今回それを明確にしましたからね。
鳩山　中国の立場が少し変わってきていますよね。

5　一九七四年に定められた金日成を中心とする朝鮮労働党の「戒律」（党の唯一**思想**体系確立の十大原則）。二〇一三年、金正恩の継承に合わせて改訂された（党の唯一的**領導**体系確立の十大原則）。

朴　曖昧だった部分が明確になった。金正日の時代には胡錦濤にも「防御だからこれは先制攻撃に使うことはないから、心配しなくていいんですよ」と説明し、説得していた。けれども、三月に金正恩が核の先制攻撃もあり得ると言い始めたものだから「こいつは危険だ、歯止めをかけておこう」と中国の態度は大変厳しくなって、金融制裁、その他に踏み切った。今回も金融制裁に絡んだ企業は中朝の展示会のようなところからブースが排除されていました。

鳩山　中国の制裁、攻防というものが、金正恩の核に対する考え方を変える可能性はありますか？先制攻撃はやらない、かつてのお父さんの思想に戻るという事はあり得ますか？

朴　金正日も核で脅し絶対手放さないとしていたんだけども、先に使わないと中国をうまくごまかしていたわけです。だから六カ国協議に参加してもいいよとほのめかしていたのです。それまでは六カ国協議は参加しないと言っていた。最近の話では、北朝鮮は核を先に放棄することはない、核の先制攻撃もやると言っている。行動対行動だ、朝鮮半島に全く核というものがなくなった状況の下で我々も核を放棄するんだ、核軍縮だと言い始めているんですけれども、中国の圧力で、いわゆる金正日時代のラインまで引き下がったと見ることができますね。自分から先制攻撃をすると明言したのは、まずかったという総括はできていると思いますよ。

鳩山　少し静かになった。

朴　三月の強烈な戦争騒動というのは、一つは金正恩の権威を高めるためでもあり、それと同時に、ミサイルも、第三回核実験も成功したので、これで一気に攻め込めばアメリカは一歩下がるだろうと考えたからでもあった。これが中国を怒らせたわけですよ。そんな簡単な世界じゃないですから。

鳩山　アメリカのあるいは中国の核を含めた力と、核を持ったにしても北朝鮮の力には歴然とした差があるわけですよね。

朴　東アジアの政治バランスを絶対崩すなと中国は求めている。その見極めができないのが経験不足、準備不足と言われる最も典型的な現象でしょうね。

六カ国協議の再開条件

鳩山　私はこの、最初に条件をつけるということは別にしなくても、できるだけ早く日本も加わる形で、六カ国協議が開かれる環境がつくられるべきじゃないかと思いますが。

朴　ところが無条件の六カ国協議ということになれば、北朝鮮はこう言っているわけです。「我々の核を放棄する六カ国協議はもう終わったんだ。北朝鮮の非核化のための六カ国協議はもう終ったんだ。だから、六カ国協議の内容は、アメリカの核と我々北朝鮮の核、両方とも失くすという、一言でいうと核軍縮の六カ国協議でなければならない」と。

鳩山　そりゃいいじゃないですか。

朴　そういう方向に持っていこうとする意図があるわけですよね。

鳩山　それも一つの条件じゃないですか。

朴　しかし金正恩たちが考えていることは、アメリカが応じないと見越して絶対に核は放棄したくないということの方便ですね。もうひとつやっぱり問題なのは、無条件でやるのはいいんだけど、一からやり直すのはよくない。二〇〇五年九月の、六カ国協議の合意はある一定の価値があるわけですね。

アメリカも、他の六カ国協議の参加国も、そこを出発点にしようという合意はある程度できています。そういう合意もなく何を協議するのかということを、また始めから協議するということになれば、結局時間稼ぎと、もう一つは中国に対するエクスキューズに利用される可能性があるので、アメリカはこの提案にはおいそれとは乗れない。

鳩山　会議を開かないで一年二年経つよりも、六カ国協議を再開をさせて、その中で北朝鮮をより説得する方向にリードしていく可能性を追求する方がいいような気がするんですけどね。

朴　アメリカも今、色々なケースで検討しているんじゃないですか。だからこそ政府の人間ではなかったですけれど、元政府の要人たちが、ドイツ、ロンドンで北朝鮮側の六カ国協議の代表である李容浩外務次官と接触している。米中の間でも交渉を進めているんじゃないかと思いますね。方便にできないような形で北の意向も取り入れて、どこに妥協点を持ってくるのか、これは多分調整していると思います。

朴槿恵政権の方針

鳩山　南北朝鮮の関係がうまくいくかと思えばまた一気におかしくなったりして、状況がちょっと見えないんですよ。韓国にも朴槿恵政権ができて、彼女は二〇一三年の五月にアメリカの議会で大演説をしましたよね。その中で、北東アジアの平和と安定に向けてのメッセージを出して、一気には無理だから、出来ることから会話のプロセスを大事にしていこうと訴えた。私どもなどは、なかなか朴槿恵さんもいいことを言うなと思ったんですが、でも一方で北朝鮮は、韓国が核を止めるようメッセージを押し出しているからかもしれませんが、朴槿恵に対しては相当厳しい態度を取っていますね。

朴　信頼のプロセス自体の中には融和政策的な部分があるんですね。どこが太陽政策と違うかというと、抑止はしっかりして、挑発は断固許さないというところです。しかし人道支援などそういう問題については、やっていくし、その中で信頼を重ねながら少しずつ南北の関係を改善しようとしています。だけど北にとってはこの断固抑止するよという部分が気に食わないわけですよ。だから、国防長官や、統合参謀本部議長になった人を罵倒してみたりね。

一方で、開城《ケソン》工業団地[6]についてはある程度譲歩したり、自分たちも外貨が必要だからなんとかまとめれば金剛山観光等の面でも韓国は歩み寄ってくれるんじゃないかと思ったんだけども、なかなか韓国は北の言うとおりにはしていない。ここが朴槿恵大統領の、以前の太陽政策政権とは違うところですね。

開城は朴槿恵大統領が相当迫った。最後のところでは、駄目だったら全部の企業に保険を適応すると言い始め、これで慌てて北朝鮮は出て来たわけですよね。保険が適応された途端、工業団地は全部政府の所有物になりますからね。だからおおむね、韓国の言う方向でまとまっているわけですが、ただ責任の所在については「南北が双方今後こういうことが起こらないようにする」ということで、あいまいにしています。北だけに責任があるんじゃないよと、におわせながら、北の言う通りは駄目だ

6　二〇〇四年一二月に操業が始まった北朝鮮・開城にある工業団地。韓国企業が多数進出している。二〇一〇年三月天安艦事件を受けて、五月より韓国政府は新規進出を禁止。二〇一三年三月には北朝鮮が従業員の出勤を停止し、五ヵ月間全工場の操業がストップした。

よということでやったもんだから、北としてはこの部分も相当悔しい部分が残っているわけですね。

太陽政策との違い

朴　今までずっと南北関係を見てきましたが、ここ十数年来では、こういう韓国の毅然とした対応というのは初めてだった。韓国は今回、こうこう約束しない限りこれはやらないという入り口論で論議したわけです。こっちが善意で施せば相手も善意で返すだろうという期待のもとに出口論でやったのが、今までの太陽政策です。

鳩山　李明博大統領も、必ずしも太陽政策ではないでしょう。

朴　そうですね。しかし彼の場合は秘密裏に南北秘密会談をしました。朴槿恵大統領は透明性のある交渉以外は一切やらない、秘密は共有しないとしっかりしている。あの国に秘密を共有したらどんな目にあうかということは分かっている。都合が悪くなると、すぐ曝露とか言い始めるじゃないですか。李明博大統領の時も、秘密会談をやったというのは北の側から曝露しているわけですから。だから秘密会談は一切やらない、ちゃんと入り口できちっと話をして約束しましょうと、それから交渉に入りましょうとしっかりしていますよ、そういう面では、サッチャーさんにも見られるんだけれども、男にはない依怙地《いこじ》さがあるんじゃないでしょうか。

鳩山　何度か朴槿恵大統領にもお目にかかりましたけれども、非常にしなやかで、話し上手というよりむしろ聞き上手で、私が友愛の話を申し上げた時にもずっと熱心に耳を傾けて、非常に喜んでくださって……そのしなやかさの中に大変なものがある。

朴　一つの信念があるんですよね。
鳩山　強いですよね。
朴　変に妥協すると自分のアイデンティティー自体がなくなってしまう、という感覚があるんじゃないでしょうかね。お父さん（朴正煕）の時代にも南北関係をずっと見てきたわけですから、北朝鮮というのは出口論で交渉に入ったら必ず利用される。入口のところでしっかりとまとめておかないといけない。秘密の共有も危険だと分かっている。

開城工業団地閉鎖の余波

鳩山　最近聞いた話では、開城のような工業団地を、韓国だけじゃなくて他の国にも開こうという話が出ているそうですが、あれは本気なんですか？
朴　いわゆる国際的な管理のもとで企業活動を安定させようという意図がある。北の方も外資導入をしたいわけですから、開城工業団地を土台にして外資を呼び込みたい。そういう面での利害の一致はあるけども、国際的な制裁を受けている中で、それは非常に難しい部分があるわけですよね。まずアメリカは投資しないでしょう。日本も投資しないでしょう。日本とアメリカが投資しない投資先に世界が投資しませんよね。中国もこりごりしている。
　そのいい例が、もう二年前にいわゆる威化島《ウィファド》や黄金坪《ファングムピョン》というところを特区にすると言って、張成沢も行って、大々的にぶち上げたけれども、結局何も進んでいないでしょう。中国が、完全に法に基づき、市場経済に基づいて特区を合同でやるのはいいけれども、開城工業団地のように北朝鮮に都合の悪い時は閉鎖してしまうとか、労働者を撤退させるとか、こういうことをやられたんじゃ絶対に我々の民間資本は入っていかないと言っている。開城工業団地で混乱を引き起こしたということは非常にマイナスになっているわけですね。

自分の権限を維持したままで投資してくれるんならやりましょうと北朝鮮は言っているが、中国は法と市場経済に基づかないから認めない。温家宝は、張成沢に対して明確に言っていますから。主権乱用を放棄しない限り、北朝鮮に対する外国投資をする企業はないでしょうと。不都合になれば北に全て取られてしまうわけですから。在日朝鮮人の商工人たちも、それはもういっぱい取られているんだから、大変なことですよ。

拉致と核とのツートラック戦略

鳩山　最後になりましたけれども、この六カ国協議が開かれるかどうかは別として、核ミサイルに対する協調を各国で取ろうとしても日本は拉致があるということでポジションが異なる部分があるような気がしています。拉致の問題も含めて、日本の立場はどう呼応すべきかを聞かせてください。

朴　私は拉致の問題が解決しない限り、日朝国交正常化はないというのは、これは正しい方向だと思います。日本の国民もそう思っていますし。だからといって核とミサイルの問題も、日本にとっては深刻な安全保障の問題です。一方を人道的・人権の問題としたら、一方は安全保障の問題ですから、いわゆる核は核、拉致は拉致というツートラックの形で進めながら北朝鮮を取り込んでいく。そのためには日米韓の緊密な連携と拉致交渉に対する透明性が必要となるでしょう。

しかし国際協調が重要だからと言って、核の交渉が止まると全部止まるというのも硬直していると思います。拉致問題も核問題も結局は北朝鮮の独裁体制が生み出した問題です。その解決を北朝鮮の変革という点で一致させれば、プロセスにおける一定の分離はあってもよいのではないか。

その辺は知恵を絞り柔軟に対応しながら、北朝鮮に利用されないとする原則をしっかりと守っていくことが大事だと思います。そのためには交渉の入り口でしっかりと枠をはめ、軽々に見返りを与えないことが重要です。

日本の国民も十分分かっていると思いますが、あの国に何かやっても自分に都合悪ければ何もしてくれない。よく、日本ではいろんな方が個別に北の要人に接触するんだけれども、日本は統一見解を出して、どんな人がどんなルートでやっても、同じことを向うに伝えるということが非常に重要です。

鳩山　統一見解で重要なのは、拉致問題が解決しなければ日朝国交正常化もないと、私もそう思うのですが、拉致問題の解決というのは何をもって解決というのかというのが、相当幅広いですよね。

朴　幅があるのに、ここで日本の場合意見が一致していないわけですよ。今、安倍政権が出している三つの方針[7]は政権の原則ですからね。だから私は拉致対策本部というのは政権が変わるごとに変わるんじゃなくて、日本の国民及び与党野党も合わせて、拉致問題に対する統一見解というものをまとめて、その方針に沿って、拉致対策本部は政権から独立した機関として、一貫して動いた方がよいと思う。北朝鮮はああいう体制だから、ずっと体制が変わらない。日本だけがしょっちゅう変わったりするから、色んな所で上げ足を取られたり隙間を見られたりする。拉致の問題については、一貫して解

7　全ての拉致被害者の安全確保及び即時帰国。拉致に関する真相究明。拉致実行犯の引き渡し。

決するよう整えて、ある意味憲法のような形で方針もきちんと決め、そういう中であらゆる方法を尽すようにしないと、北朝鮮の常套手段であるいろんな揺さぶりに負けてしまう。

核とミサイルの問題はアメリカとも、韓国とも協調する問題なので。これはこれで進めて北朝鮮に文句を言わせない。

そういった場合、六カ国協議では、各作業部会があります。日朝の問題は日朝作業部会で話し合うことができる。その時は日朝の問題は拉致問題が解決しない限り、前に行きませんよと主張すればいいと思うんです。拉致問題が前に進まなくても、核問題が解決に向かえば、拉致問題は一気に前進させることができます。国際協調という縛りがなくなるからです。そういった意味では、核問題が解決に向かえば、日本の安全保障にとっても、拉致問題にとっても大きく前進することになります。国際協調しながら、各国が独自に解決をしなきゃならない問題についてはそれはそれなりに進める。国際的連携が必要な問題については協調を強化する。そして到達点で結びつけるという「ツートラック戦略」を確立していく必要があるんじゃないかなと思います。

何をもって拉致問題の「解決」とするか

鳩山　拉致問題に対する国民の見方というのは、感情的なところもありますよね。なかなか冷静に問題を見ることができない。横田めぐみさんが生きておられるのかどうかということもあるんですが、横田めぐみさんを返せというのが、一つの目標みたいになっている。彼女が帰ってくれば拉致問題が解決したと言えるけれども、そうでない限り、あるいは死んだなどと言われたんでは、永遠に拉致問題は解決されたことにならないと見られがちなんですよね。そういう見方ではなくて、もっと別の統一見解というものを拉致問題に対してはきちっと作らなきゃいかん、ということですね。

朴　だからそこでは運動論と、国家の行政とを、ごちゃまぜにしちゃいけないと思います。運動の象徴としては横田めぐみさんが帰って来なきゃいけない。これはあくまで運動としてやっていく。そして政府がブレないようにする。だけど現実に交渉というのは一〇〇対〇はないわけで、一〇〇対〇にしようとすれば戦争をして、相手を完全に打ちのめすしかないわけです。交渉していかなければならない。向うは体制の問題と思っていますからね。これ一つ間違ったら、体制が崩れるぞと。こう思っているわけですから、どの段階を踏んでいくかというきちんとした工程表がないといけない。国民がそれを望んでいるからまず返せでは、無理がある。

完全に壊れてしまった信頼を修復するためには、まず北朝鮮にきちんとした矛盾のない説明のできるものを提供させないといけない。北朝鮮が日朝協議に応じたら制裁を解除するという粗雑な方法じゃなくて、日本の国民の七割以上が納得するものを北朝鮮が出してきたときに初めて次の段階に行く。こういう精密な工程表を持って、最終的に横田めぐみさんを取り返す。拉致被害者を取り返す。ここで国家間交渉の問題と運動の目標が一致していくという形をとる必要があるんじゃないかと私は思いますね。

鳩山　運動論ではなくて組織論的な話で。

朴　国が運動するわけじゃないですからね。国はあくまでも国民全般の利益を守る観点から政策的に解決をはかる訳ですから。

鳩山　拉致問題を最終的に解決するためには、北朝鮮側だけに調査させても駄目ですか。

朴　そりゃ駄目ですよね。

鳩山　調査の段階で、日本側も中に入ってやろうじゃないかという話はありますよね。

朴　ええ。もう一つの解決の方向性が具体的に今度協議されると思いますね。まず信頼関係がないわけですから、信頼もないのに合同調査をやったって、またお互い騙し合いっこになってしまうわけですよ。北が少なくとも正直に、わからないことはわからない、嘘は嘘だったと認めなければ。日本の国民は納得しませんよ。ある程度誠意を見せて来た、ということになれば合同で調査しましょうと。

鳩山　ただ箱ものが先か、信頼が先か、ということはあるんですけども、古い話で言えば、フランスとドイツを喧嘩させないために、欧州で石炭鉄鋼共同体（ＥＣＳＣ）[8]というのを作って、そこで一緒に行動することによって仲良くなっていったというようなこともありえるわけですよね？

朴　ドイツとフランスというのはお互いに曲がりなりにも民主主義国家だし、お互い善意を見せれば善意で返すという国際ルールもわきまえている国ですからね。北朝鮮の場合は、国際ルールを守ることによって体制の崩壊につながるというときはルールを守らない国ですから、一筋縄ではいかない。拉致問題についても、お互いに調査を進めながら、共同調査についてはこっちの信頼が出来あがった時にはじめて行動に入る。

そういう意味では今回、開城工業団地で韓国がやった方式はある程度参考になるかなと思います。

8　冷戦下の一九五〇年にフランス外相ロベール・シューマンが提唱した組織。一九五一年のパリ条約で設立され、フランス・ドイツ・イタリア・ベルギー・オランダ・ルクセンブルクが加盟した。欧州連合（ＥＵ）の前身。

合意に至るプロセスはちゃんと取っておいて、同時に進めるんだけれども、その中にちゃんとプライオリティーが設定されているという。国民の叡智も入れてもう少し緻密で高度な議論がなされないと、北朝鮮はそんな簡単に交渉できる相手じゃないと思いますね、私は。

鳩山　そこが今日のキーワードだと思いますね。簡単に交渉できる相手ではない。

北朝鮮の外交能力にどう立ち向かうか

朴　北朝鮮から見た民主主義国家の弱点というのは、政権交代があることです。だから拉致対策本部というのは政権交代に関係なく、どんな政権が出てきても解決するまで一つの方針で動いていくものにしなければならない。例えば殺人事件が起これば警察で捜査本部を設けるじゃないですか。殺人事件が解決するまで解散しませんよね。警察署長が変ろうが、その本部の責任の下に方針が与えられていてその方針でずっとやっていきますよね。そういうものを作らないと。

鳩山　役所の中じゃなくて、ね。政治の中に。

朴　政権の中に作ると、政権が変ると拉致対策本部の方針も変わってしまうわけですよ。北朝鮮にとっては、またいつ変わるかわからないというのもあるし、よし変わり目に何か仕掛けてやれ、とよからぬ心を持たせる隙も与える。

鳩山　わかりました。私も総理時代にいろいろと、北朝鮮と接触したり、しようとした人たちから色んな情報も貰って、訪朝すべきかどうか考えたこともありました。私の場合はまだまだ十分自分としてその方向性が決まっていない、熟していないということもあって行動をむしろ抑えるようにしました。

朴　それは私は正解だったと思いますね。もう少し長いスパンで北朝鮮との交渉を総括してみる必要があると思います。私が見た限りは、平壌に乗り込んで成功した政治家は一人もいません。全部餌食になっています。皆さん小泉元総理のことは成功したように言う人もいますけども、あれは罠に嵌まる直前に国民世論に助けてもらったという構図だと私は見ているんです。それ以外で北朝鮮に行って成功した政治家は一人もいません。あの北朝鮮を越えられる外交能力を持った政治家はこれまで日本にいないということです。

透明性を持って、秘密の共有は一切しない。そういう形で、国際的なパワーを借りながらやっていくことが非常に重要だと思います。スタンドプレーでやる人がよくいるじゃないですか。これも間違いなく餌食になります。こんな人たちを活用し、利用し、貶める策略は世界レベルでしょう。

鳩山　世界一かもしれませんね。

朴　絶対平壌で交渉しては駄目ですね。

鳩山　わかりました。ある意味で朴槿恵を見習えみたいなところもある。

朴　全部ではなくて、ある部分ですね。あの交渉の頑固さの部分は見習った方がいい。

鳩山　日本も女性の首相が必要かもしれませんね。

朴　日本もそろそろ女性の総理が出てきてもいいんじゃないですか。

第3章　安倍「拉致外交」の前途に潜む陥穽

朴斗鎮＋鳩山友紀夫・高野孟（二〇一四年七月七日放送）

張成沢粛清後の金正恩新生体制

鳩山　北朝鮮を含めて北東アジアの状況が色々と複雑になってきた、変わって来たなと思うのは、韓国の朴槿恵大統領のところに国賓として中国の習近平主席が訪れて、首脳会談が行われたことです。[1]今までは、中国の首脳は必ず北朝鮮を先に訪問していたにもかかわらず、今回は北朝鮮ではなくて韓国を最初を訪れた。

一方で日本の安倍総理が、拉致問題を何とか進展させたいということで、北朝鮮との間で政府間の交渉が行われて、北朝鮮に特別調査委員会というものを作ることになった。

実はこの二つが密接に絡んでいるのではないのか。まずは朴さんにこの辺のところから、北朝鮮は今どういう状態にあるのかという、また日本をどのように見ているのかを含めてお話を聞かせていただければと思います。

朴　二〇一三年末に張成沢《チャン・ソンテク》粛清がありました。金正恩が最高指導者になって、二〇一二年と二〇一三年の二年間は、後見人体制だったと言えるでしょう。金慶姫・張成沢が後見人を務めることで金正恩体制を維持していった。金正日が死ぬ時の構想としては、徐々に権力を移行させようと思って、自分が思うような人を生前に配置したけれど、金正恩はこうした与えられた構造をほぼ二年間で除去してしまった。一番象徴的なのは張成沢の粛清だと思います。

だから、張成沢の粛清以降は金正恩親政体制、いわゆる金正恩が一人で、思い通りにしていくとい

1　二〇一四年七月三日、習近平国家主席が就任後はじめて韓国を訪問。北朝鮮より先に韓国を訪れるのは一九九二年国交が正常化されて以来初めて。

う体制になり、その中で、特に組織指導部を中心とした、既得権層の中の官僚たちが自分の利益を追求していくという体制に変化したというのが、今年に入っての一番の特徴だと思いますね。

高野　その既得権層って、日本の永田町の政治と同じように、派閥抗争はあるんですか？

朴　北朝鮮は最高指導者の唯一独裁ですから派閥はありません。しかし、最高指導者が管理する上で、一人で何でもできるわけじゃないです。じゃあどこが中核の権力になるのかというと、これは朝鮮労働党の組織指導部が中核権力となっています。

金正日の残した遺産を、極端に二つに分けると、一つは核とミサイル、もう一つは党組織指導部への権力集中です。その二つの遺産を金正恩が継承したわけで、その党組織指導部の力で、張成沢を粛清したと見ることができるでしょうね。逆に言えば、張成沢はいろんな力を付けてきたんだけども、組織指導部の牙城《がじょう》にだけは手を付けられなかった。組織指導部は国家保衛部[2]と軍を動かせます。そういう意味では、「組織指導部を中核とする金正恩体制」と言ってもよいと思います。

組織指導部の実権構造

鳩山　金正恩体制を支える組織指導部の中心的な役割は、今どなたが務めておられるんですか？

朴　組織指導部では組織指導部長というのは一貫して空席なんですよ。事実上、金正日時代も金正日総書記が兼任している。

鳩山　では副部長が実質的には中心なんですか？

2　朝鮮民主主義人民共和国国家安全保衛部。秘密警察の役割を果たす。

朴　副部長の中でも各分野があって、その責任者は「第一副部長」といわれます。党の責任を持つ第一副部長は趙延俊《チョ・ヨンジュン》という人がやっていました。この人が張成沢粛清を主導したとも言われているんですね。それから軍を担当しているのは金慶玉《キム・ジョンオク》で、その下で、黄炳瑞《ファン・ビョンソ》[3]が軍部を管理していたわけですよ。

高野　党の組織指導部があって、軍もそれと拮抗する勢力と言えるんですか？

朴　いや、そういうわけじゃないです。組織指導部の内部に党、軍、政府それぞれの担当者がいて、管理しています。一九九一年に、金正日が最高司令官になった時に、組織指導部と軍総政治局の関係を明確に規定付けています。

軍総政治局は、組織指導部の一課に過ぎない。だから軍総政治局の部屋の横に、組織指導部の部屋があって、色々と指示を受けている。だから個別的人物としては、総政治局長の地位は高いですけれども、機関としては組織指導部の下にある。それを日本ではよく知られていないから先軍政治が行われていて、軍がすべてを支配しているという風に考えている。先軍政治というのは、軍事を優先する政治であって、それを推進する権力中枢は組織指導部です。だから、権力の中枢は組織指導部に、権力の基盤は軍に置いているという風に理解すれば、良くわかるんじゃないですかね。

金正恩体制の綻《ほころ》び

高野　今の金正恩体制、ご覧になってどうですか？

朴　内部からの情報では、どんどん期待値が下がっている。だってご存知のようにね、国内視察は多

3　二〇一四年四月崔竜海《チョ・リョンへ》に代わり、事実上のナンバーツー、軍総政治局長に就任した。

いけれども、外国の要人とは一人も会っていない。二〇一四年に入っても会ったのが、元ＮＢＡバスケットボール選手のデニス・ロッドマンだけです。彼に会っても、権威が上がるわけじゃない。それともう一つ、まだ経済がちゃんと回復されていないという事情もあります。

高野　ひどいみたいですね。飢饉が広がっているという情報もあります。

朴　結局、二極化が進んだということですね。日本のメディアは平壌だけを見て、どこが変ったと言うけれども、この間もアパートが崩落したでしょう[4]。日本では報道されていませんけど、もう一棟崩落しているんですよ。それは、緘口令を引いて絶対に表に出ない。二つの崩落が連続したのは大変なことです。

鳩山　内部で「期待値が下がってます」ってあからさまに言う人はいるんですか？

朴　張成沢の粛清で、表向きに言う人はもう誰もいません。どこで言っているかというと、噂ですよね。幹部が家に帰ってきて、奥さんに言う。奥さんはごく一部の仲間にどうもそうらしいよということを話す。全部口コミで情報が、広がっていく。

鳩山　口コミが入ってくるんですか？

朴　在日朝鮮人が九万三〇〇〇人も北に帰っているんですよ。うちの姉さん家族も帰っています。日本と行ったり来たりする人もいるじゃないですか。二人になって、家族同士になれば、本音の話も出ますよ。

高野　旧ソ連の国際体制の中でも、噂話というのは最も重要なメディアだった。

４　二〇一四年五月一三日に平壌中心部の高層アパートが倒壊し多数の死傷者が出たと言われている。

朴　真実を伝える唯一のメディア（笑）。
高野　漏れ伝わってくることが、実は一番真実に近い。

統治資金の枯渇

朴　それともう一つは、統治資金が、いわゆる外貨が枯渇している。金正日の時代は、何か功績を上げると、表彰や勲章だけでなく、アパートや、ベンツなど必ず物を渡していたんですよ。今、それをやっていない。お金がないから、できないんです。だから、金正恩がサインした表彰状や勲章を渡してごまかしている。だから、これは駄目だなと分かるわけです。統治資金が相当枯渇している。私が推測するに、まだ張成沢や、金慶姫の秘密資金を回収できていないんじゃないかと思います。
　金正恩が後継者になった時に、出回った小話があるんです。「おじいさんは分派、いわゆる反対派に苦しんだと、お父さんは媚びへつらう連中に苦しんだ。金正恩はお金に苦しんでいる」と（一同、笑）。これは結構、的を射ている。
高野　お金が枯渇している大きな理由は日本の経済制裁ですか？
朴　日本をはじめとした各国の経済制裁を、効いていないと言う人はいますけれども、効いているんですよ。ただ一〇〇％効いているのか、五〇％なのか、程度の差はありますよ。だけど、効いているわけです。
　経済制裁の中で一般の商品とか生活用品は中国から流通させているにしても、レベルの高い商品は日本からいかなきゃだめだということがある。もう一つ、以前であれば高いカニとかウニとか水産物は日本でえらく高く売れたわけですよ。日本に売れないから、今は中国に買い叩かれている。
鳩山　マツタケもあったんじゃないですか？
朴　マツタケもそうです。鉱物資源もそうですけれど、持っていくところがないから買い叩かれる。それは張成沢のせいではなく、そういう構図になっていた。
　だから日朝交渉が進む中で中国・丹東の国境に面する新義州あたりではビジネスチャンスが来ると言って、えらい期待値が高まっている。間違いなく経済制裁は効いていたし、特に効いていたのは朝鮮総連に対する圧力ですね。まず万景峰号、これはものすごく効いた。朝鮮総連会館の売却問題も北朝鮮にダメージを与えている。それ以外にも最高首脳が行ったり来たりできないから、意思疎通がうまくいかない。
鳩山　お金も持っていけない。
朴　そうですし、色んな工作の指示ができない。こういうことがあって、落ち目の朝鮮総連がもっと落ち目になっていっている。ところが北朝鮮から見れば朝鮮総連というのは対日工作の拠点であるだけじゃなくって、西側工作の拠点でもあるわけですよね。
高野　韓国もありますしね。

朝鮮総連会館をめぐる問題

朴　今回の日朝交渉で北がまずテコ入れしたい、強化したいというのは朝鮮総連だと思います。我々が内部から取った情報でも、統一戦線部が朝鮮総連の補強のために財源を確保して、相当力を入れているそうです。朝鮮総連が北朝鮮から指示を受けていると聞いています。昔は朝鮮総連の方からどーっと金が入っていた。

高野 北朝鮮は吸い上げる一方だったわけですよね。それだけの力が朝鮮総連から無くなっている。

朴 今後吸い上げるためにも補強しなければということで、財源的にも工作拠点としても、まず朝鮮総連を回復させようとしています。それが第一段階の狙いです。

高野 日朝交渉の中で、総連の会館問題というのは大きなテーマなんですか？

朴 メンツの国ですから。一般の在日朝鮮人たちは会館があってもなくてあまり影響はない。六〇人ぐらいしか職員がいないのに、あんなデカイものは要らないわけですから。あれを作った時は職員は二四〇人位いました。

朝鮮総連会館内にあった色んな参加団体も全部外に出して、それで白山（東京都文京区）に出版会館というのができた。朝鮮総連も出版会館の中に入ればいい。けれども朝鮮総連会館というのは、北朝鮮と朝鮮総連の指導部にとっては非常に重要なものなんですね。特に朝鮮総連指導部は、在日朝鮮人の血と汗の結晶である朝鮮総連会館を守れない指導部って一体何なんだと、色々と一般の人、同胞から文句を言われてきた。

二〇〇七年の緒方重威元公安調査庁長官の詐欺事件[5]からずっと来て、今度は競売だということに

5 二〇〇七年五月、朝鮮総連への差し押さえを免れるために、会館の名義が元公安庁長官・緒方重威のペーパーカンパニーに変更された。不動産詐欺罪であると裁判で確定し、会館が総連の所要物と認定された後、二〇一二年七月に整理回収機構によって競売にかけられた。

なって、初回落札者である鹿児島・最福寺の池口恵観さんが駄目になって、[6]モンゴルの何か分からない会社が出てきて、[7]全部だめですよね。[8]

モンゴル企業以外は、私の聞いた話では、ほぼ朝鮮総連主導でやってきた。ところが全て失敗したので、指導部の、特に許宗萬《ホ・ジョンマン》議長の威信が相当墜落した。そういう情報も向こうでありましたよ。

ところがじゃあ次は誰を議長にするんだと言うと、もっとレベルが低くなる。何のレベルかというと、お金を持ってくるレベルです（笑）。知識とか、思想性というのは、今北朝鮮にとっては何の意味もない。お金をよく運ぶ人が一番大事。

朝鮮総連の凋落とその要因

高野　たかだか三〇、四〇億ですよね、昔の朝鮮総連華やかな頃だったら一晩で準備できた。

朴　我々が朝鮮総連の活動をやっていた時から比べると、信じられない程みすぼらしい。これは具体的資料はないですけども、我々がやっていたときに上の人から聞いていた話だと、朝鮮総連中央の予算だけで一〇〇億円はあった。今に直すと何百億にもなる。

だから日本政財界にものすごい工作を展開できた。何かの記念日にはみな帝国ホテルなどでお祝い

6　四五億一九〇〇万円で落札したが、資金調達に失敗した。

7　モンゴル企業「アヴァール・リミテッド・ライアビリティー・カンパニー」が五〇億一〇〇〇万円で落札したが、東京地裁によって不許可とされた。

8　二〇一四年三月にマルナカホールディングが二二億一〇〇〇万円で落札したが、六月に総連側の特別抗告を受け、最高裁が一時的に売却許可決定の効力を停止する決定をした。以降現在に至るまで競売手続きが止まっている。

して、豪華な食事を出して、お土産には必ず人参酒と蜂蜜のセットまで準備した。日本の共産党が参加を禁止する指示まで出したという話もある。それほど力があって、軍隊と警察以外は何でもある、日本の中の北朝鮮国家なんだと豪語していた。それが今や四〇億円も満足に集められない。

高野 凋落ですよね。

朴 全く凋落ですね。この凋落はやはり拉致問題が響いている。金正日総書記が拉致を認めて謝罪したことで一気に凋落した。朝鮮総連で特殊工作に従事していた人以外は、拉致があると信じていなかったです。特殊工作にした人は、工作船で行ったり来たりしているわけですから、十分にありえると思っていた。だけど一般の人は知らないから朝鮮総連は清廉潔白だと思っていたのに、逆転した。あれは朝鮮総連にとって、結成以来の最大の危機です。

高野 北朝鮮という国の指導者が外に向かって正式に謝罪したのは、初めてでしょう。神様に近い指導者が謝るわけがないとみな思っていた。

朴 それは、もう驚天動地ですよ。

高野 それとやっぱり、在日朝鮮人も三代目、四代目になってきたこともある。

朴 そこに日本のバブルの崩壊が重なった。朝銀信用組合も破たんした。ダブルで来たから、一気に没落していったわけです。

韓国・北朝鮮籍の価値観の違い

鳩山 私が朝鮮総連の幹部の方とお話した時に「実は私たちの幹部のほとんどは南の人間なんです

よ」とおっしゃっていました。

朴　そうですよ。今の許宗萬議長も慶尚南道《けいしょうなんどう》出身ですから。

鳩山　「当時どちらかを決める時に、北の方が魅力的に見えたから北に行ったんだ」とおっしゃっていました。南の方は軍事独裁があって、アメリカに奪われているじゃないかと考えていらしたようです。

朴　それが一つ大きくあるんですよ。世界的に社会主義に対する幻想がありましたよね。その模範の国が北朝鮮だということで、金日成に対する幻想もありました。

私自身もそうですけども、植民地になっていたこともあって、民族主義がマルクス・レーニン主義の影響をたくさん受けていました。社会主義に対して情緒的にあこがれる風潮は、ものすごく強かった。それが七〇年代までずっと続いていました。

七〇年代を過ぎてからは、特に日韓条約の後、韓国が盛り返しましたよね。日本が相当応援しましたからね。

高野　漢江《ハンガン》の奇跡という。

朴　漢江の奇跡というのは、日本の応援がなかったらありえなかったのに、韓国ではきちんと教えていない。だから変なことになる。

鳩山　こちらから押し付けがましく言うのもね。

朴　日本人が言ったら反発するから、我々はしょっちゅう言っていますよ。あの漢江の奇跡は日韓条約から始まっているんじゃないかって。

七〇年代に入って、南北で経済力が逆転して行った。それと同時に、帰国した人たちから北の内情が伝わるようになった。一九六〇年と六一年の二年間で八万人帰還して、その後はもうほとんど帰らなくなりました。

鳩山　むしろ日本にいる朝鮮半島出身者の方々は、本当の意味で統一を望んでいるんじゃないですか。統一を望みやすい環境にある気がしますけども。

朴　ところがね、もう、色が全然違っちゃっている。極端に言うと水と油ですね。同じ民族とよく言いますけども、南北関係で言いますと、もうほとんど価値観が共通するものがありませんよ。情緒まで違いますから。

北朝鮮はすぐ「民族同士」ということに共通的価値観を置こうとするんだけども、民族的には相当違います。民団[9]の人は主に自由主義の価値観を持っている。日本に親しみを持つ人たちも結構いました。朝鮮総連の方は日本は植民地支配した国だということで厳しい見方をしています。

もともと六〇万人位在日の朝鮮半島出身者がいた中で、四〇から五〇万人は朝鮮総連の影響下にあった。朝鮮総連には今、朝鮮籍はもう三～四万人ぐらいしかいませんね。

高野　そんなに減った。

朴　韓国籍の中に朝鮮総連系がいっぱい増えたんですよ。何故かと言うと、お父さんだけ朝鮮籍で、家族は韓国籍に変えているケースが多い。朝鮮総連にニューカマーは来るわけがないので、朝鮮籍は減る一方なんです。

9　在日大韓民国民団。一九四六年創団。地方参政権の獲得を求める活動なども行っている。

ところが韓国籍イコール民団ではなくなったわけです。軍事政権の時は韓国籍イコール民団だった。ところが文民政権、金泳三《キム・ヨンサム》政権の後に、これは裁判で明確になって、民団が行政、領事業務である国籍変更を扱うのはおかしいじゃないかと裁判で明確になった。今は韓国籍でも民団に属してない人は多い。例えば私も今は韓国籍だけれども、民団とは直接関係ありません。

拉致問題解決のために何をすべきか

鳩山　ちょっと話を元に戻して、何をもって拉致問題の解決とするかに関しては色んな異論があろうかとも思いますけども、今回の日朝協議再開にともなう制裁解除という措置を冷静にご覧になると、どういう風に思われますか？　人、物、金に関して、完全に制裁が解けたわけではないけども、一部北朝鮮にとって欲しいものが解除されてきたと言えますよね。

朴　まず、拉致問題は交渉以外で解決はつきませんよね。そういう意味では、関係者の方々がいろいろ苦労されて交渉に入ったというのは、肯定的に評価できると思います。

この問題については、北朝鮮の方からいろいろアプローチしたと思うんですよ。柔道で例えれば、組手争いをしていてなかなか試合が運ばない、向こうは体力がなくなるし、日本に対しては観客がブーイングをしているような状態で、向こうの方が組手をちょっと譲ったようなものです。

ここで日本が「よし、これならいける！」と言って交渉に入ったんだけども、何かしら譲ってくれたという遠慮があるのか、詰めの甘さが感じられる。そういう甘さが合意文の中にも、今回の特別調査委員会の問題にも出ているなと思います。

鳩山　詰めの甘さ、いくつかおっしゃってください。

朴　拉致の問題というのは、犯罪でしょ。日本の国民や政府が向こうから謝罪を受けて、賠償も受けなきゃならない。一方で遺骨や残留日本人、日本人妻の問題等は、どちらかというと日本が戦後処理を十分にやってこなかったから残った問題です。これは日本が義務を負って進めるべき問題だろうと思います。

相手が謝罪しなきゃならない問題と、自分たちが義務を果たす問題とを、同じ籠の中に入れてごちゃまぜにしてしまったというのは、最大の詰めの甘さだと思うんですよね。

鳩山　議題をごちゃまぜにして、拉致問題はトップの議題じゃない。

朴　向うの報道を見ると、遺骨、残留日本人、それから拉致、特定失踪者という順番です。日本が国民に説明するときには拉致が一番に来ているんだけども、これは向こうの出している情報と全然異なる訳ですね。

こういうことを北朝鮮はよくやるんだけども、その典型的なのは二〇〇五年九月の六カ国協議の合意文です。お互いが北朝鮮側とアメリカ側の主張を全部ひとつの籠の中に入れて、「北朝鮮が核を放棄したらアメリカが軽水炉の提供をしましょう」と、アメリカはこう言うんですよね。北朝鮮は行動対行動だから同時にやらなきゃ駄目だろうと言って先に軽水炉を要求した。

ここにヒル次官補という、外交官として名を上げたい野心家が入ってしまって、やっている途中でどんどん北朝鮮の言い分ばかりを聞くようになった。彼は金正《キムジョン》ヒルとも呼ばれていた。

鳩山　なるほど（笑）。

朴　アメリカ議会でも正直なことを言わないわけです。いや、あれは核ではなく、核のような爆弾だとか、ウラニウム開発はやってないとかね。そういうことを言い始めて、合意を進めるために、真実を曲げてしまった。

結局、一万八〇〇〇ページの寧辺《ニョンビョン》原子炉の稼働記録と引き換えに、壊れる寸前の冷却炉をアメリカのお金で爆破して、アメリカ側からは一〇〇万トンの重油、韓国は毎年五〇万トンの食糧と三〇万トンの肥料を支援した。おまけにテロ支援国家は解除され、全部持って行かれた。

両者の主張をごちゃまぜにして、矛盾をついてくる。アメリカのヒルも罠にかかったんだけど、密約があれば完全に引っかかりますよ。自分たちが取るものを取って、もう駄目だと思えばいきなりちゃぶ台をひっくり返しますから。

鳩山　平壌宣言も、お金の話でしたね

高野　割と、日朝関係はうまくいくのかなあっていう感じもしましたが。

朴　だからそれが同床異夢だというんです。バスケットのなかに入れて、解釈は全然違う。入れたところまでは同じですがね。

鳩山　したたかですよね。

シビアな日朝局長級会議の結果

朴　したたかってもんじゃないですよ。

だから、拉致の救う会の人たちとか、特定失踪者調査会の人たちとか、むしろその人たちのほうが

厳しい発言をしていますよ。七月八日に説明会があって、伊原純一アジア大洋州局長[10]も出てきて説明したけども、皆さん穴だらけじゃないかとおっしゃっていました。

最初に言ってるのは、北側は特別調査委員会を立ち上げると言うだけで、これは行動じゃないじゃないかということです。行動というのは拉致被害者の誰かを帰してもらって初めて行動になるんであって、これは言葉に過ぎないじゃないかと。ところが日本は制裁を三つ解除する。それが大した制裁でなくても、これは行動でしょう。言葉対行動じゃないの、というのが拉致や特定失踪者の関係者が危惧している面ですね。

高野　最初に、一点取られている。柔道で言うと、有効技が取られている

朴　見てみなさい、宋日昊の顔。彼が困ったとき、絶対笑いません。もうニコニコしていて、大使館の前に出てきてサービスしている。

高野　サービス、あんなの初めて見ましたよね。

朴　もう余裕綽々《しゃくしゃく》じゃないですか。

鳩山　日本の伊原局長の方はあんまり笑顔はなかったですね。

朴　ここからは知恵と体力の戦いになると思うんですが、これは様子を見てみないと。

特別調査委員会の中に、工作機関は一切入ってないでしょ。それと顔写真もない。私が銀行に行って口座つくるにも顔写真の入った証明書を見せろといわれますよ。本人かどうか確認したい、と。特

10　七月一日に北京の北朝鮮大使館で開かれた日朝局長級協議の日本側代表。北朝鮮側の代表は、宋日昊朝日国交正常化担当大使。

別調査委員会のリストに載っている人を知っている人は日本にはまずいません。誰が出てきても分からないし、確認が取れない。

工作機関も入ってないし、確認が取れない。そういう調査委員会で満額回答と言ってるわけ。一部の評論家は、これで満額回答で向こうは本気だと評価している。国家保衛部と人民保安部と、その他もろもろの組織が入ってるんですけども、組織指導部がない。権力の中枢、彼らを動かしているのは全部組織指導部なんですよ。組織指導部がいてこそ全機関に入っていけるし、指示が出せる。

鳩山　あっ、これ、組織指導部がいないと見るべきなんだ。

朴　国防委員会についても、そこの委員たちは組織指導部が全部任命しているんです。だから権力の要である組織指導部が入っていない。と同時に犯罪を実行した工作機関も入っていない。

工作機関が一つにまとまっているのが偵察総局ですよ。労働党の作戦部、それから調査部、軍の偵察局――これが二〇〇九年に統合されましたが、この三つが実行犯です。実行犯は全然出て来てない。この特殊機関について、国家保衛部は監察能力はありません。組織指導部は人事権を持っているから影響力を持ちうるが、国家保衛部は何もできない。

実際の権力をもっている機関が、特別調査委員会には入っていないということです。救う会とか、特定失踪者の関係者はずっと北朝鮮について研究しているからすぐに分かるわけですけども。

鳩山　日本人も特別委員会に入って、一緒にやろうという話にはならないの？

朴　違います。日本は向こうから出て来たものをチェックする。何故かと言うと、日本人も合同で認めたじゃないかと言われたら話が終りになっちゃう。しかし、チェックする人が向こうの権力構造に精通していなければ、何にもならない。

高野 御用聞きみたいになっちゃいましたね。何か向こうから持って来れば、ははーっ、とありがたがるような。今回、委員会の下で国家保衛部が出て来たということだけで大喜びでしょう。

朴 満額だと言って大騒ぎしている評論家にも根拠はないので、安倍さんはそれだけで喜んでいる人じゃないだろうと私は思います。

一部評論家は例の日経新聞が報道したリスト[11]に根拠を求めてるんだけども、はっきり言って、本気かどうかという確証は何もない。どちらかと言うと外野は本気だ本気だと言って、当事者や関係者は、これは怪しいなという構図になっている。

政局絡みの駆け引き

高野 安倍政権は、集団的自衛権の強引なやり方で支持率がじわじわと落ち始めたという中で秋の国会を迎える。八月末ないし九月初めに安倍政権の支持率が上がるようなことをやりたいという様な、政局絡みの駆け引きもあるんですか？

朴 そういう説も出ていますね。はじめ五月の日朝協議の合意では、三週間後に局長級協議を開くと

11 （委員長）徐大河《ソ・デハ》国防委員会安全担当参事兼国家安全保衛部副部長、（副委員長）金明哲《キム・ミョンチョル》国家安全保衛部参事、朴永植《パク・ヨンシク》人民保安部局長。［分科会責任者］（日本人遺骨）金賢哲《キム・ヒョンチョル》国土環境保護省局長、（残留日本人・日本人配偶者）李虎林《リ・ホリム》朝鮮赤十字会書記長、（拉致被害者）姜成男《カン・ソンナム》国家安全保衛部局長、（行方不明者）朴永植《パク・ヨンシク》人民保安部局長（「特別調査委」副委員長兼任）（日経新聞、二〇一四年七月五日）

言っていたでしょう。本当は六月の二〇日前後だったのが、一〇日程延びているわけですね。新聞記者から聞いた話では、これは官邸の方で伸ばしたという情報がありますね。ちょうど集団的自衛権を閣議決定する七月一日とタイミングが合うから。信憑性がどこまであるかは分からないけど、そういう情報が流れているのは確かですよ。

鳩山　集団的自衛権で支持率が落ちるのを覚悟して、北との交渉が進展していると見せて人気を上げようと。

朴　何らかの結果が出たら、それから一週間、二週間は拉致問題でもちきりじゃないですか。テレビも、全部メディアはその件に目が向いている。

高野　ワイドショーはこの問題になったら、もう大騒ぎです。

朴　勝手にガセネタを言ったってクレームが来ないから、安心してエンターテイメントできるわけですよ。北朝鮮評論家というのは、私も含めて、無責任極まりない人間が、悪いけども金儲けのためにやってるんじゃないかと疑われてもしょうがない面があるわけですよ（笑）。

高野　実際にそうおっしゃるような実情で、できれば八月末ないし九月初めに何か目に見えたものを当然日本は望むわけですよ。我々が腰を抜かすような、とんでもないようなことが起きる可能性もある。

朴　七月六日に北朝鮮が政府声明で仁川《インチョン》のアジア大会に一五〇人を参加させると明らかにした。選手団だけじゃなく応援団まで送ると言った。

九月に入ったら、南北関係がそこから動き出す可能性もあります。六カ国協議を含めて南北関係が動いて、アメリカも動く、中国も動く。

今回中国が大きな手を打った。これはもう画期的なことで、北の指導者を差し置いて韓国に来て、で、北の核は認めないという強烈なメッセージを出した。今回の習近平の韓国訪問で、だいたい中国の北朝鮮に対するスタンスは結論が出たんじゃないですか。中国は、北朝鮮は手放さないけども、金正恩は手放してもいいんだという方向でアメリカといろいろ話し合っている可能性が十分ありますね。

北朝鮮関係融和の兆候

鳩山　そうすると、日本を取り巻くアメリカ・韓国・中国の間では核の問題に対して共通認識ができていた。経済制裁というのはもともと核問題のためにやったわけですよね。むしろ核はより危なくなっている状態だぞという世界の認識の中で、日本が先走って拉致の話で、経済制裁を解こうとした。

高野　国際社会にとって本当に由々しき問題は、何としても核の問題だと言っている時に、日本は拉致が先だと言い続けるという構図は今回も変っていません。僕はそこを心配しています。

朴　アメリカも韓国も、拉致の問題は最も日本国民が憂慮する問題だと分かっている。

実は拉致で課された制裁は一つもないんですよ。今回解除した三つの制裁も核・ミサイルの独自制裁です。これを拉致で解除することは、アメリカも韓国も許容しているけども、実は本筋ではないんですよね。

駄目だったらまた制裁を復活させると言うけれども、じゃあ今度は拉致で復活させるのか、核とミサイルで復活させるのかは分からない。そういう曖昧な部分を残しながら、解除してまた復活させると簡単に言っている。アメリカだって一度テロ支援国家を解除して、復活させると言ったって、復活できていない。一回解除したものを、そんなに簡単には復活できませんよ。その上、解除する筋が違うからね。

鳩山　だいたい何も向こうはやっていないのに、調査委員会を作ると言っただけで制裁を解除しちゃってるわけです。再び制裁を戻すというのは非常に難しい話です。

朴　これはダブルスタンダードでやっているわけですから、拉致で制裁していないのに核・ミサイルの制裁でそれに当てたわけですからね。国際的制裁に風穴を明けたという部分も、今回の問題にはあるということです。

だから、今は日朝が東アジアの中心になっているけれども、今後はまた南北に戻って、六カ国協議の方に戻っていく可能性がある。日朝でアメリカを引き出そうとしてると屁理屈で解説する評論家もいますけども、そうした場合に日朝だけでやってもアメリカは出てきません。アメリカは、南北を含めた六カ国協議の中で出てくるわけです。そうした場合、拉致問題を巡る交渉が六カ国協議の作業部会の中でやりなさいということになる可能性もある。

高野　この一〇年間アメリカは、五カ国がびしっと歩調揃えなきゃ駄目なんだと言い続けているわけですから。それが日本側に伝わっていないんですよ。

朴　歩調を合わせる具体的内容として、作業部会でやってくださいとなる可能性もあるということですね。やっぱり習近平の訪韓と、今回の北朝鮮のアジア大会参加という融和の流れを見てもですね、これでまた日朝で動き出したものが、南北に移る可能性も十分あるということです。

高野　朴槿恵さんも国内政治がゴタゴタになっているので、対外的に何かピシっと飛ばしたい。
朴　ある意味、金正恩は歩み寄りを見せたことで、朴槿恵を助けたかもしれません。南北関係は近年全然動いていなかった。韓国も天安艦事件[12]以降は五・二四制裁という制裁をしているわけですよ。開城工業団地の他は、一切動いていませんから。
　結局北朝鮮の狙いは制裁解除なんですよ。今回の日朝協議も、アジア大会参加も、制裁解除のため。制裁を解除してもらわないと、にっちもさっちもいかない。統治資金はどんどん枯渇している。ここで一つ、自分たちの突破口を探し出さなきゃ駄目なんだけども、日本からの制裁解除だけでは足りない。
鳩山　淋しい話でありますね（苦笑）。

危惧すべきミサイルの飛ばし方

鳩山　韓国と中国の首脳会談を邪魔するために北朝鮮がミサイルを撃ち出しましたね。
朴　日本はミサイルの射程距離が五〇〇キロだからと言って安心しているんだけども、三回発射しましたよね。二回目と三回目のスカッドとロケット砲は韓国向きに発射されたんですよ。ロケット砲の距離が伸びたことで、三八度線に近い竜山《ヨンサン》から南方の平澤《ピョンテク》にまで下げたアメリカ軍の基地が無力化される。これが一番恐ろしい。
　日本政府は、最初に発射されたノドン（準中距離弾道ミサイル）の射程距離が五〇〇キロだから日

12　二〇一〇年、韓国海域で韓国海軍戦艦が爆発・沈没した事件。北朝鮮製の魚雷が原因という説もある

本に脅威を与えるものじゃないと判断して、今回抗議だけで済ましていましたがね、飛ばし方に注目が行っていない。

　弾道放物線を描いた飛ばし方でいくと、ノドンは一五〇〇キロ位飛びますが、今回は直角に落とすように飛ばしたといわれています。ミサイル防御システムを打破するためには、一つは低空で直撃するものと、もう一つは高空に上げて直角に落とす方法があります。迎撃ミサイルのＴＨＡＡＤとか、韓国にはないんですが、日本にある高度なＰＡＣ３などは、放物線状に打ち出されたミサイルに対しては迎撃できるんですよね。直角に落ちてくると迎撃できない。

　これがムスダン（中距離弾道ミサイル）になれば、射程距離が三〇〇〇キロ位になりますので、日本に真下に落すにはちょうど距離が合うんですよね。たぶん防衛省や自衛隊ではどんな実験をしているのか分かっていると思いますが、政治家は誰も分かっていない。北が非常に危険な実験をしているにも関わらず、抗議だけで終えている。それを見て北朝鮮は、大したことがないと高をくくって、イケイケどんどんになっているわけですよ。安心して五〇〇キロ以内はミサイルを発射出来るなと思っている。

高野　集団的自衛権問題の議論全てが滑稽だと思うのが、現実に軍事的リアリズムの眼で見て、いかなる脅威に直面していて、脅威の具体的様態というのがどのぐらい深刻なことであって、それに対して、日本は個別的自衛権でどこまで対処できて、こうなったら出来ないね、という話の順序が全く無い。今回もそうですが、北朝鮮のミサイルがアメリカを撃っているのに、日本は防衛しなくていいのかというのは、アメリカからしたら笑い話です。

そういうことが起きないようにするための六カ国協議で、アメリカが今まで犠牲も払い努力もしているのに、日本はちっとも本気で乗って来なかった、拉致が先なんだとばっかり言ってたじゃないかとアメリカは思っている。もしアメリカに北朝鮮がミサイルを撃っても、日本は撃ち落とせないから集団的自衛権が解禁だと言ったって、アメリカは「お前、冗談辞めろ」と「そういう北東アジア、北朝鮮の脅威とは具体的には何なのか考えたことがあるのか、このバカ」と思っていると思うんですよ。実際アメリカの専門家にそれに近いことを言われました。リアリズムを欠いている。

朴　集団的自衛権に対して、これだけ日本が論議しているにも関わらず、北朝鮮はほとんど反応していませんね。

鳩山　してないですね。本来一番反応するはずですよね。

朴　ほとんど反応していない。そこもまた不思議ですね。

鳩山　北朝鮮を仮想敵にしながら図を描いているんだけど、一方で拉致に関してどんどんズブズブな関係になっていく。

高野　どうしてかと言うと、本当の脅威についてリアルな日本の議論がないんですよ。無いところで架空話だけが拡大していく。

北朝鮮も中国無しに戦争はできない

朴　習近平の訪韓によって北朝鮮が戦争行為を行うことは、もうできなくなったと私は考えています。中国の支援なくして戦争できませんよ。中国はこれまでは警告という形で、天安艦の問題とか延坪島《ヨンピョンド》の砲撃[13]とかに対処してきたんだけど、今回は明確に政策としてそれを明示した。アメリカと韓国は二〇一三年に、北朝鮮が攻撃をしてきたら同時にそれに共同して反撃するという協定を結んだ。北朝鮮の挑発行為が相当やりにくくなったんじゃないかとそういう風に見ています。

高野　火遊びで済まなくなった。

朴　金正恩がつぶれるのは、中国としては知ったことじゃないと。

鳩山　そうすると、北朝鮮も中国無しには戦争はできない。中国は金正恩政権を見放してもいいという状況になっているから、北朝鮮がどこかと戦争することはない。

　中国自体だって侵略的な行動をしてはいないんだと言っている。私は今年、習近平にお会いした時にも、とにかく隣人とは仲良くしたいんだ、共同体をつくるのが運命なんだという言い方をされていました。日本が集団的自衛権を議論しているから中国あたりは緊張するかもしれませんが、少なくとも世の中的に言えば、北東アジアはより平和の方向になっていく可能性がむしろ強くなったとみるべきですよね？

朴　そこまで言えるかどうかは分かりません。どちらにしても習近平が韓国に行ったことで、少なくとも北朝鮮が戦争を起せなくなった。

鳩山　それは平和に向けてよいことですね。

朴　鳩山先生もいつも主張されている東アジア共同体は、北朝鮮の核問題をそのままにして絶対にできませんよ。私が鳩山先生にお願いしたいのは、元総理として非核化のための外交活動をやっていた

13　二〇一〇年一一月、韓国延坪島・大延坪島が北朝鮮より砲撃され、軍事衝突が発生した。

だければということです。それで必要だったら北朝鮮にもアプローチしてほしい。

鳩山　脱原発だけじゃなくて、朝鮮半島の非核化ですよね。

新しい国際ルール作り

高野　習近平は事あるごとに、「中国は新しい国際ルールの参加者である」という台詞を使うんです。一番最近では、北京で開かれた万国会議ですね。平和共存五原則六〇周年記念大会というのが六月二八日に開かれて、習近平は長い演説をした。そこでもそう言っている。本当かなと思いますけれど、「武力で物事を決着するというのは、中国のＤＮＡにはない」と言っている。その中でも中国は国際ルールの参加者なんだと言った。

私はこれがキーワードだと思っている。海洋資源開発にしても、尖閣、南シナ海における石油も絡んだ領有権問題にしても、それから防空識別圏の問題にしても「新しいルール作り」と関連している。

これは、私の知り合いの中国人の学者が非常に強調していて、なるほど、中国人の思考はこうなっているんだと思ったのですが、戦後の二〇世紀後半の国際ルールは安全保障から金融から何から全部アメリカが作ったんじゃないかと彼らは考えている。中国はそのまま黙って膝をついて従うべきなのか、違うだろうと。ＴＰＰもそうで、中国なんか目じゃないよと言って、アメリカが作ったルールに入るなら膝をついて入れとおいでということですよね。日本に対しても同じことです。

二〇世紀後半にアメリカが唯一超大国とか言っていたのが最後の姿であって、二一世紀はいずれ中国がアメリカのＧＤＰを追い越していく状況がやってきます。新しい大国関係という表現で中国もアメリカも何を言っているのかというと、二国で世界を仕切る、共同覇権という話じゃなくて、覇権のない多極世界に入っていくという基本的なトレンド認識を共有している。

そうとすると、一つ一つの問題について、空の安全、海の安全、資源の開発、漁業の問題、海難救助、海賊対策、いろんなレベルで、アメリカのやりたい放題ではなく中国も参加者の一人となって、新しいルール作りというのが必要なんだと考えている。実は中国の一貫した姿勢をよく見てみると、ちゃんと毎回言っているメッセージなんですよ。

特に安倍政権は意外にアメリカ中心の、安保を中心としたルールが、まだまだ二一世紀でも通用するんだ、さらに強化するんだと考えている。だから集団的自衛権が必要だと。

そこで基本的に話が通じない。いろんなレイアーで、いろんなルール作りということが新しく求められていて、それを共同でどう作っていけるのかというのがいうのが大局的な課題なんですね。海とか空とか、宇宙もそうですね。宇宙もＮＡＳＡが世界が主導してきた結果で、今宇宙にはものすごいゴミが溢れている。

もちろん中国の中も複雑だから、メディアが反日を煽るとかいろいろありますけど、大局的な視線がどこに向いているかというと、何十年単位で、二一世紀前半の課題は何かを見据えている。

日本がそういうところで、東アジアの多極的な外交を設定していくのはすごく大事なことなんですよね。一部では既に出来ているわけですよ。日本の海上保安庁は海賊対策で、東南アジアに対して指導的な立場でルール作りに貢献していますからね。

鳩山　環境問題なんかはね。

高野　そういう分野では既に始まっているわけで、それを編み上げていく東アジア共同体というものを目指していく。本当はそういう政治のイニシアティブが一番必要な時なんです。

東アジア共同体のための朝鮮半島非核化

朴　韓国も、朝鮮半島に核があっては統一できないということはもう分かっているわけですよ。統一は民族内部の問題だと北はよく言うんですけど、国際環境の中で分断されたものを、民族の中だけでは解決できないんですよ。国際的協調なしに朝鮮半島の統一もありません。そういう意味では韓国が統一路線を進むには、中国の支援というのが必須です。特に核を無くさないと絶対に統一できないんですね。非核化という問題は世界の平和、朝鮮半島の平和のためにも必要だけど、統一のためにも、絶対核の問題を克服しないといけません。中国の方に力を借りたいという部分もたくさんあると思います。

鳩山　私も、朝鮮半島の非核化が東アジア共同体に必須だと思います。

北朝鮮に核を捨てさせるためには六カ国協議というのが一つあるでしょうね。北朝鮮にとって核を捨てたほうが将来はあるぞ、とどこかで見せることが必要ですよね。

朴　ただ、北朝鮮は国民が政治をしている国家ではないですから、金一族の権力を維持するうえで何が必要かという議論になる。そのために核が必要だということになっています。

軍事力を行使しないとなれば、制裁しかないんですよ。これは黄長燁先生も言っていましたけども、特に中国が北朝鮮を一ヵ月支援しなきゃ、北朝鮮政権は倒れると。正恩政権も同じでしょう。黄先生は中国をどう引き入れるか、中国をこちらにひきよせなければダメだとものすごく強調していましたよ。それが今、北朝鮮の核の放棄に対して、非常に希望の持てる一歩が出てきている。

高野 今のお話でも出ているように、日本もアメリカも北朝鮮の無謀な核開発をやめさせることを「朝鮮半島の非核化」と見ている。北朝鮮から見ると、常に我が国がアメリカ帝国主義の核爆弾の脅威にさらされているんだという意識の中で、開発をしているわけです、非核化というのは一方的な話じゃない。

イランの核開発を辞めさせるのは簡単で、イスラエルが核を全部放棄すればいい。その話は抜きにして、イラン核開発はおかしい、とアメリカは国際世論に訴え続けてきた。それと同じ構図がある。

平和を人質とする北朝鮮の政策

朴 指導部、金一族の政権はアメリカの脅威があるからと言っているけども、「核を放棄して、豊かになるんだったらそれがいい」と国民は皆思っています。

一部権力者の利益が先行している。だから憲法[14]にも朝鮮労働党の規約にも核保有というものが載せられている。一言でいうとアメリカが来るからという大義名分で正当化している。

私から見ると結局、拉致の問題も同じですけれど、平和を人質にしておかないと、指導者たちの存在が維持できないということです。だから一から一〇まで北朝鮮は人質政策なんですよ。人質を取る

---

14 二〇一二年の憲法改正で序文に「金正日同志は……わが祖国を不敗の政治思想国、核保有国、無敵の軍事強国に転変させ強盛国家建設の輝かしい大通路を開かれた」という部分が追加された。

から瀬戸際政策が可能になり、独裁が維持できる。そういう論理なんですね。

高野　そうじゃなかったら独裁はいらない。

朴　そのためにはアメリカからの恐怖というのが一番国民に浸透させやすい。人質政策が北朝鮮の全ての外交政策の基本にある。

高野　そう考えると分かりやすい。

朴　平和というものを人質にとられているから、やたらと手を付けられない。拉致の問題もそうでしょ。拉致された人がいるから、相手の言うこともある程度聞かないと交渉できない。全ての構図がそういう構図になっている。

鳩山　北朝鮮の政策というのは全て何かを人質にする、平和を人質にしているからやりにくいという話がありました。たぶん皆さん方の中でも、安倍さんなかなか頑張っているんじゃないのと、これで拉致問題の解決が進めばいいなと、割と単純に思ってらっしゃる方もいらっしゃるかもしれませんが、そう単純な話じゃないということがお分かりになったと思います。

「友愛ブックレット」発刊にあたって

東アジア共同体研究所理事長　鳩山友紀夫

歴史は、人類発展のキーワードは「戦争」ではなく「協調」であることを私たちに示している。その最大の教訓に忠実であるのかどうか疑問を持たざるを得ない日本の現状を、首相経験者として深く憂慮している。

私は二六年間の議員生活を引退したことを契機に、二〇一三年三月に東アジア共同体研究所（ＥＡＣＩ）を設立し、首相在任中に提唱しながら果たすことが出来なかった「東アジア共同体」の実現と、それを通じての「友愛の精神」に基づく世界平和の達成に残りの人生を捧げることを決意した。

私は「友愛」こそ、これからの世界をリードする理念と信じている。「友愛」とは自分自身の尊厳と自由を尊重すると同時に、相手の尊厳と自由をも尊重する考え方であり、それは人と人の間だけでなく、国と国、地域と地域、さらに人と自然との間でも成り立つ考え方である。

この考えは、クーデンホフ・カレルギー伯が「友愛の理念」の下で汎ヨーロッパを唱え、その後ＥＵとして結実したことを範としている。カレルギーの時代は、ヒトラーのドイツとスターリンのソ連という二つの全体主義がヨーロッパを席巻していた。彼は、人間の価値を重んじる「友愛の理念」をもって、全体主義に立ち向かった。

私は今日こそ「東アジア共同体」の構築が時代の要請であると信じている。私たちが汎アジアを唱え、「東アジア共同体」の形成を可能にするとき、同様にアジアは「不戦共同体」となるであろう。そのことが世界平和への大きな貢献となることは間違いない。

研究所の設立以降、週に一度のペースで各界の有識者をお招きし、収録した対話をインターネットで放映している（ＵＩチャンネル）。示唆に富む様々な議論をそのままにしておくのは勿体ないという思いから、テーマ毎にブックレットという形でまとめることにした。放送時の内容をベースにしているが、登場された方々の協力を得て適宜編集を加えている。インターネット放送と書籍と両方でお楽しみ頂ければ幸いである。

また、東アジア共同体研究所が主催したシンポジウムや講演会などの記録も随時ブックレットにまとめたいと思っている。

もちろんこうした各人の意見は、当研究所の見解をそのまま代弁するものではない。自由な討議の場はそのまま、東アジアの活力と創造性の源泉となる多様性ということの反映にもなろう。「友愛ブックレット」が、自由な論議と「友愛の精神」を日本とアジア、世界の人々に発信していく場となり、ひいては「東アジア共同体」への大きな推進力となることを願っている。

二〇一四年九月

東アジア共同体研究所
設立趣意

鳩山政権は、「東アジア共同体の創造」を新たなアジアの経済秩序と協調の枠組み作りに資する構想として、国家目標の柱の一つに掲げました。東アジア共同体構想の思想的源流をたどれば、「友愛」思想に行き着きます。「友愛」とは自分の自由と自分の人格の尊厳を尊重すると同時に、他人の自由と他人の人格の尊厳をも尊重する考え方のことで、「自立と共生」の思想と言ってもいいでしょう。そして今こそ国と国との関係においても友愛精神を基調とするべきです。なぜなら、「対立」ではなく「協調」こそが社会発展の原動力と考えるからです。欧州においては、悲惨な二度の大戦を経て、それまで憎みあっていた独仏両国は、石炭や鉄鋼の共同管理をはじめとした協力を積み重ね、さらに国民相互間の交流を深めた結果、事実上の不戦共同体が成立したのです。独仏を中心にした動きは紆余曲折を経ながらその後も続き、今日のＥＵへと連なりました。この欧州での和解と協力の経験こそが、私の構想の原型になっています。

すなわち、私の東アジア共同体構想は、「開かれた地域協力」の原則に基づきながら、関係国が様々な分野で協力を進めることにより、この地域に機能的な共同体の網を幾重にも張りめぐらせよう、という考え方です。

東アジア共同体への夢を将来につなぎ、少しでも世界と日本の在り様をあるべき姿に近づけるための行動と発信を内外で続けていくことを、今後の自身の活動の中心に据えるために、東アジア共同体研究所を設立致し、世界友愛フォーラムを運営していきます。

平成二五年三月一五日

理事長：鳩山友紀夫

“Every great historical happening began as a utopia and ended as a reality.”

(すべての偉大な歴史的出来事は、ユートピアとして始まり、現実として終わった。)

汎ヨーロッパを唱えたクーデンホフ・カレルギーの言葉です。

今、東アジアに友愛に基づいて協力の舞台を創ることを夢とも思わない人びとがこの国に増えています。

だからこそ、その必要性を説き、行動で示していかなければなりません。

ユートピアの実現という確信の下に。

東アジア共同体研究所とは
友愛の理念に基づく世界平和の実現を究極の目的とする。その目的を達成する手段として、東アジア共同体を構想し、その促進のために必要な外交、安全保障、経済、文化、学術、環境など、あらゆる分野における諸国・諸地域間の協働の方策の研究と環境条件の整備を行う。

一般財団法人東アジア共同体研究所
〒100-0014　東京都千代田区永田町２－９－６
◆ホームページ　　http://www.eaci.or.jp
◆公式ニコニコチャンネル（友紀夫・享・大二郎・孟のＵＩチャンネル）
http://ch.nicovideo.jp/eaci

著者略歴

鳩山友紀夫（由紀夫）（はとやま・ゆきお）

1947年東京生まれ。東京大学工学部計数工学科卒業、スタンフォード大学工学部博士課程修了。東京工業大学経営工学科助手、専修大学経営学部助教授。

1986年、総選挙で、旧北海道4区（現9区）から出馬、初当選。1993年、自民党を離党、新党さきがけ結党に参加。細川内閣で官房副長官。1996年、鳩山邦夫氏らとともに民主党を結党し、菅直人氏ともに代表就任。1998年、旧民主党、民政党、新党友愛、民主改革連合の4党により（新）民主党を立ち上げ、幹事長代理。1999年、民主党代表。2005年、民主党幹事長。2009年、民主党代表。

第45回衆議院議員選挙後、民主党政権初の第93代内閣総理大臣に就任。

2013年3月、一般財団法人東アジア共同体研究所を設立、理事長に就任。

著書 『「対米従属」という宿痾』（飛鳥新社）、『新憲法試案―尊厳ある日本を創る』（PHP研究所）等多数

辺真一（ぴょん・じんいる）
1947年東京生まれ。明治学院大学（英文科）卒業後、新聞記者（10年）を経て、フリー・ジャーナリストへ。1980年、北朝鮮取材訪問。1982年、朝鮮半島問題専門誌「コリア・レポート」創刊。現編集長。1985年、「神戸ユニバシアード」で南北共同応援団結成。統一応援旗を製作。1986年、テレビ、ラジオで評論活動を開始。1991年、南北国連同時加盟記念祝賀宴を東京で開催。北朝鮮への名古屋からの民間直行便開設に助力。1992年、韓国取材開始（以後今日まで二十数回に及ぶ）。1998年、ラジオ短波「アジアニュース」パーソナリティー。1999年、参議院朝鮮問題調査会の参考人。2001年、ラジオNIKKEIで在日による番組「コリア・ホットインフォメーション」を制作。2003年、海上保安庁政策アドバイザー。2003年、沖縄大学客員教授。現在、コリア・レポート編集長。
著書 『北朝鮮と日本人―金正恩体制とどう向き合うか』（角川書店）、『大統領を殺す国 韓国』（角川書店）等多数

高野孟（たかの・はじめ）
1944年東京生まれ。1968年早稲田大学文学部西洋哲学科卒業後、通信社、広告会社に勤務。
1975年からフリージャーナリストになると同時に情報誌『インサイダー』の創刊に参加、1980年に㈱インサイダーを設立し、代表兼編集長に。1994年に㈱ウェブキャスターを設立、日本初のインターネット によるオンライン週刊誌『東京万華鏡』を創刊。
2008年9月にブログサイト『THE JOURNAL』を創設。現在は「まぐまぐ！」から『高野孟のTHE JOURNAL』を発信中。(http://www.mag2.com/m/0001353170.html)
2002年に早稲田大学客員教授に就任、「大隈塾」を担当。2007年にサイバー大学客員教授も兼任。
2013年3月、一般財団法人東アジア共同体研究所、理事・主席研究員に就任。
著書 『アウト・オブ・コントロール―福島原発事故のあまりに苛酷な現実』（花伝社）、『原発ゼロ社会への道筋』（書肆パンセ）、『沖縄に海兵隊はいらない』（モナド新書）等多数

朴斗鎮（ぼく・とじん）
1941年大阪市生まれ。1960年3月、大阪府立生野高校を卒業。1960年4月～62年3月、在日本朝鮮青年同盟大阪中西支部。1962年4月、朝鮮大学校政治経済学部入学。1966年3月、朝鮮大学校政治経済学部卒業後、朝鮮問題研究所所員として2年間在籍。1968年4月～75年3月、朝鮮大学校政治経済学部教員。その後、㈱ソフトバンクで孫正義と共にパチンコ経営企画に携わった後経営コンサルタントとなり、2006年からコリア国際研究所所長（北朝鮮・韓国問題、在日同胞問題を研究）。デイリーNK顧問。
著書 『北朝鮮　その世襲的個人崇拝思想―キム・イルソン主体思想の歴史と真実―』（社会批評社）、『朝鮮総連―その虚像と実像―』（中公新書ラクレ）等多数

韓国・北朝鮮とどう向き合うか　（友愛ブックレット）

2014年10月25日　初版第1刷発行

編者 ——— 東アジア共同体研究所
著者 ——— 鳩山友紀夫、辺真一、高野孟、朴斗鎮
発行者 —— 平田　勝
発行 ——— 花伝社
発売 ——— 共栄書房
〒101-0065　東京都千代田区西神田2-5-11出版輸送ビル2F
電話　03-3263-3813
FAX　03-3239-8272
E-mail　kadensha@muf.biglobe.ne.jp
URL　http://kadensha.net
振替 ——— 00140-6-59661
装幀 ——— 黒瀬章夫（ナカグログラフ）
印刷・製本— 中央精版印刷株式会社

©2014　東アジア共同体研究所、鳩山友紀夫、辺真一、高野孟、朴斗鎮
本書の内容の一部あるいは全部を無断で複写複製（コピー）することは法律で認められた場合を除き、著作者および出版社の権利の侵害となりますので、その場合にはあらかじめ小社あて許諾を求めてください

ISBN 978-4-7634-0716-0 C0036

友愛ブックレット

東アジア共同体と沖縄の未来

東アジア共同体研究所　編
鳩山友紀夫、進藤榮一、稲嶺進、孫崎享、高野孟　著

定価（本体800円＋税）

沖縄、日本、東アジア――
いまなぜ東アジア共同体なのか
沖縄を平和の要石に